Bryn Mawr Greek Commentaries

Callimachus'
Hymns I, II, V, VI

Robert Schmiel

Thomas Library, Bryn Mawr College
Bryn Mawr, Pennsylvania

Copyright ©1984 by **Bryn Mawr Commentaries**

Manufactured in the United States of America
ISBN 0-929524-05-5
Printed and distributed by
Bryn Mawr Commentaries
Thomas Library
Bryn Mawr College
Bryn Mawr, PA 19010

Series Preface

These lexical and grammatical notes are meant not as a full-scale commentary but as a clear and concise aid to the beginning student. The editors have been told to resist their critical impulses and to say only what will help the student read the text. Our commentaries, then, are the beginning of the interpretative process, not the end.

We expect that the student will know the basic Attic declensions and conjugations, basic grammar (the common functions of cases and moods; the common types of clauses and conditions), and how to use a dictionary. In general we have tried to avoid duplication of material easily extractable from the lexicon, but we have included help with odd verb forms, and, recognizing that endless page-flipping can be counter-productive, we have provided the occasional bonus of assistance with uncommon vocabulary.

The commentaries are based on the Oxford Classical Text unless otherwise noted. Oxford University Press has kindly allowed us to print its edition of the Greek text in cases where we thought it would be particularly beneficial to the student. The text was set by Stephen V. F. Waite of Logoi Systems (Hanover, N.H.).

Production of these commentaries has been made possible by a generous grant from the Division of Education Programs, the National Endowment for the Humanities.

> Richard Hamilton, General Editor
> Gregory W. Dickerson, Associate Editor
> Gilbert P. Rose, Associate Editor

Volume Preface

I am indebted to the editors, Richard Hamilton, Gregory W. Dickerson, and Gilbert P. Rose, for saving me from too many mistakes and making many helpful suggestions.

Robert Schmiel
Calgary, Alberta
January 1984

Metrical Note

The *Hymns* of Callimachus are composed in the dactylic hexameter, except for Hymn V. Each line has six measures or feet, which may be dactyls $(-\smile\smile)$* or spondees $(--)$. The sixth and last foot is always disyllabic $(--$ or $-\smile)$; the fifth foot is usually dactylic. Line 1 of Hymn I is analyzed (or "scanned") as follows:

$$\bar{Z}\eta\nu\grave{o}\smile \bar{\epsilon}\text{οι} \mid \smile \smile \smile \mid \kappa\epsilon\nu \; \mathring{a}\lambda\lambda o \mid \smile \smile \smile \mid \pi\alpha\rho\grave{a} \; \sigma\pi o\nu\delta\hat{\eta}\sigma\iota\nu \; \mathring{a}\epsilon\acute{\iota}\delta\epsilon\iota\nu$$

Note that a syllable is long if it contains (a) a long vowel or a diphthong or (b) a short vowel followed by two consonants (ζ, ξ, ψ count as double consonants). One or both consonants may belong to the beginning of the following word.

A syllable is short if it contains a short vowel and is not lengthened by the double consonant rule (b).

The Greek vowels ε and ο are always short, η and ω always long; α, ι, and υ may be long *or* short by nature, and their natural quantities in the root of any given word are noted in the lexicon.

A long vowel or diphthong is regularly (but not always) shortened in pronunciation if it ends a word and is directly followed by a word which begins with a vowel ("epic correption"), for example λίκνῳ ἐνί (I 48).

The epic dactylic hexameter almost always has a word end occurring *within* the third foot ("caesura"). Caesura frequently coincides with a pause in a sentence or a break between sentences. Diaeresis (word end coinciding with the *end* of a foot) tends to be avoided in order to keep the rhythm from becoming choppy or obvious, but it is common at the end of the fourth foot (bucolic diaeresis).

Hymn V is in the elegiac couplet, which consists of a dactylic hexameter line followed by the so-called pentameter. Thus, line 2 of Hymn V is analyzed as follows:

$$ἔξιτε· τᾶν ἵππων ἄρτι φρυασσομενᾶν$$

The pentameter consists, in effect, of the first 2½ feet of the hexameter repeated twice. Word end is mandatory at the middle of the pentameter. Both dactyls and spondees may occur in the first half of the pentameter; only dactyls occur in the second half.

*$\smile$ is a short syllable; $-$ is a long syllable.

SIGLORUM CODICUM CONSPECTUS ALPHABETICUS

		Prolegomena p.			Prolegomena p.
A	Vat.Gr. 1691	lxx	S	Matr.Gr. 4562	lxviii
At	Athous Vatopedi 671	lvii	T	Taur. B.V.26, marginalia	lxxiv
B	Vat.Gr. 36	lxx		Anonymus Bernensis	lxiii
C	Ven.Marc. 480	lxx		Politianus	lxvii
[D]	Laur. 32, 45	lxvi	α	hyparchetypus	lix sqq. lxxix
E	Par.Gr. 2763	lxiii	α²	apographon hyparchetypi α	lxi
e	Ambros. 734	lxiv	β	hyparchetypus	lxv. lxxix sq.
F	Ambros. 120	lvi	γ	apographon hyparchetypi (ε)	lxvii. lxxx
G	Vindob.philos.philol.Gr. 318	lix	δ	„ „ „	lxix. lxxx
H	Leid.Voss. 59	lix	ζ	hyparchetypus	lxxi. lxxxi
I	Vat.Gr. 1379	lvii. lxii	η	apographon codicis α², parens codd. θ et I	lx
K	Urb.Gr. 145	lxxi			
Λ	Laur.suppl. 440	lviii	θ	apographon codicis η, parens GHΛ	lxii
La	Ianus Lascaris, ed. pr.	lxvi			
L, M, N, O, P, (codd. recentissimi) lxxii sqq.			Ψ	archetypus [v. imprimis p. lxxxv de fide archetypi]	lxxix sqq.
Π	Par.Gr. suppl. 1095	lxv			
Q	Mut.-Est. 164	lxviii		Stemma codicum	lxxxiii
q	Ambros. 11	lxix			

ΥΜΝΟΙ

I

ΕΙC ΔΙΑ

Ζηνὸς ἔοι τί κεν ἄλλο παρὰ cπονδῇcιν ἀείδειν
λώϊον ἢ θεὸν αὐτόν, ἀεὶ μέγαν, αἰὲν ἄνακτα,
Πηλαγόνων ἐλατῆρα, δικαcπόλον Οὐρανίδῃcι;
πῶc καί νιν, Δικταῖον ἀείcομεν ἠὲ Λυκαῖον;
5 ἐν δοιῇ μάλα θυμόc, ἐπεὶ γένοc ἀμφήριcτον.
Ζεῦ, cὲ μὲν Ἰδαίοιcιν ἐν οὔρεcί φαcι γενέcθαι,
Ζεῦ, cὲ δ᾽ ἐν Ἀρκαδίῃ· πότεροι, πάτερ, ἐψεύcαντο;
'Κρῆτεc ἀεὶ ψεῦcται'· καὶ γὰρ τάφον, ὦ ἄνα, cεῖο
Κρῆτεc ἐτεκτήναντο· cὺ δ᾽ οὐ θάνεc, ἐccὶ γὰρ αἰεί.
10 ἐν δέ cε Παρραcίῃ Ῥείη τέκεν, ἧχι μάλιcτα
ἔcκεν ὄροc θάμνοιcι περιcκεπέc· ἔνθεν ὁ χῶροc
ἱερόc, οὐδέ τί μιν κεχρημένον Εἰλειθυίηc
ἑρπετὸν οὐδὲ γυνὴ ἐπιμίcγεται, ἀλλά ἑ Ῥείηc
ὠγύγιον καλέουcι λεχώϊον Ἀπιδανῆεc.
15 ἔνθα c᾽ ἐπεὶ μήτηρ μεγάλων ἀπεθήκατο κόλπων,
αὐτίκα δίζητο ῥόον ὕδατοc, ᾧ κε τόκοιο

Testim. 3 Et.gen. B v. Πηλαγόνεc·... Καλλίμαχοc· 'Πηλαγόνων—Οὐρανίδῃcι' e Scholio h.l. (v. infra ad Scholia). Herodian. in Schol. A Φ 141 'Πηλ. ἐλ.' 5 Et.gen. B v. δίζω (= Et.Sym. ap. Gaisf. ad Et.M. p. 274, 13) ... καὶ δοιῇ ὁ διcταγμόc· οἷον 'ἐν—θυμόc'; cf. Antag.Rh. fr. 1, 1 p. 120 Pow. 6–10 Origen. c. Cels. III 43 Καλλ. ... ἐν τῷ εἰc τὸν Δία γραφέντι αὐτῷ ὕμνῳ λέγων· (affert vv. 8. 9, mox 10. deinde 6–8) 8 'Κρῆτεc—ψεῦcται' = Epimenid. Cret. fr. 1, Vorsokr. 1⁵ p. 32, 1 D.-Kr. (Paul. ep. ad Tit. 1 12). Hieronym. ep. 70, 2 (CSEL 54, 701) Epimenides ... cuius heroici hemistichium postea Callimachus usurpavit. Arethas (? v. Von der Goltz, Texte u. Untersuch., N.F. II 4, 1899, p. 89) in cod. Athoo Lavrae 184 B 64 (s. X) fol. 100ᵛ (ad ep. ad Tit. l.l.) 'Ἐπιμενίδου Κρητὸc μάντεωc χρηcμόc· κέχρηται δὲ καὶ Καλλ. τῇ ῥήcει ἐν τῷ ὑπ᾽ αὐτοῦ εἰc τὸν Δία ὕμνῳ. 8 sq. Athenag. pro Christ. 30, p. 40, 24 Schw. 'Κρῆτεc ἀεὶ—θάνεc', cf. Tatian. ad Graec. 27, p. 28, 3 Schw.; Clem.Al. Protrept. c. II 37, 4, vol. I p. 28, 8 St. Καλλίμαχοc ἐν ὕμνοιc· 'καὶ—ἐτεκτήναντο'. Epiphan. haer. 42 (= PG 41, 793 C) Καλλιμάχοc ὁ Λίβυc ... περὶ Διὸc λέγων· 'Κρῆτεc ἀεὶ—αἰεί'. Ioann. Chrys., in ep. ad Tit. homil. III (= PG 62, 677 A) ὁ ποιητὴc ψεύcαc τοὺc Κρῆταc κωμῳδῶν ... 'καὶ—αἰεί', cf. Theodoret. ad ep. ad Tit. l.l. (= PG 82, 861 B); The Commentaries of Isho'dad of Merv, ed. M. D. Gibson, vol. IV, 1913 (= Horae Semiticae x), p. 39 sq.

Titulus: Καλλιμάχου Κυρηναίου ποιητοῦ (ποιητοῦ om. η La) ὕμνοι (α La δ: ὕμνοc βΠζ) εἰc Δία 3 πηλαγόνων Et.gen.: πηλογόνων Ψ: πηλεγόνον Herodian. in Schol. A l.l. (ubi Πηλεγόνοc in textu Il.) 4 νιν Ψ: μιν Wil., fort. recte, sed v. ad fr. 592 10 Παρραcίῃ La: παρναcίη Ψ (ν in ρ corr. ESC, ν del. et ρ sscr. I): παρρηcιαc Dieg. xi 15: παρραcίοιc Origen. (ubi litt. ρ alteram add. A²) τέκεν εὐνηθεῖcα Origen.

I. IN IOVEM

λύματα χυτλώςαιτο, τεὸν δ' ἐνὶ χρῶτα λοέςςαι.
Λάδων ἀλλ' οὔπω μέγας ἔρρεεν οὐδ' 'Ερύμανθος,
λευκότατος ποταμῶν, ἔτι δ' ἄβροχος ἦεν ἅπαςα
20 'Αζηνίς· μέλλεν δὲ μάλ' εὔυδρος καλέεςθαι
αὖτις· ἐπεὶ τημόςδε, 'Ρέη ὅτε λύςατο μίτρην,
ἡ πολλὰς ἐφύπερθε ςαρωνίδας ὑγρὸς 'Ιάων
ἤειρεν, πολλὰς δὲ Μέλας ὤκχηςεν ἁμάξας,
πολλὰ δὲ Καρίωνος ἄνω διεροῦ περ ἐόντος
25 ἰλυοὺς ἐβάλοντο κινώπετα, νίςςετο δ' ἀνήρ
πεζὸς ὑπὲρ Κραθίν τε πολυςτιόν τε Μετώπην
διψαλέος· τὸ δὲ πολλὸν ὕδωρ ὑπὸ ποςςὶν ἔκειτο.
καί ῥ' ὑπ' ἀμηχανίης ςχομένη φάτο πότνια 'Ρείη·
' Γαῖα φίλη, τέκε καὶ ςύ· τεαὶ δ' ὠδῖνες ἐλαφραί.'
30 εἶπε καὶ ἀντανύςαςα θεὴ μέγαν ὑψόθι πῆχυν
πλῆξεν ὄρος ςκήπτρῳ· τὸ δέ οἱ δίχα πουλὺ διέςτη,
ἐκ δ' ἔχεεν μέγα χεῦμα· τόθι χρόα φαιδρύναςα,
ὦνα, τεὸν ςπείρωςε, Νέδῃ δέ ςε δῶκε κομίζειν
κευθμὸν ἔςω Κρηταῖον, ἵνα κρύφα παιδεύοιο,
35 πρεςβυτάτῃ Νυμφέων, αἵ μιν τότε μαιώςαντο,
πρωτίςτη γενεὴ μετά γε Στύγα τε Φιλύρην τε.
οὐδ' ἁλίην ἀπέτειςε θεὴ χάριν, ἀλλὰ τὸ χεῦμα
κεῖνο Νέδην ὀνόμηνε· τὸ μέν ποθι πουλὺ κατ' αὐτό
Καυκώνων πτολίεθρον, ὃ Λέπρειον πεφάτιςται,
40 ςυμφέρεται Νηρῆι, παλαιότατον δέ μιν ὕδωρ
υἱωνοὶ πίνουςι Λυκαονίης ἄρκτοιο.

---

20 Schol. Dionys. Per. 415 'Απιδανῆες . . . οἱ 'Αρκάδες . . . ἐπεὶ μὴ εἶχε πίδακας (sc. ἡ 'Αρκαδία) μήθ' ὕδωρ τὴν ἀρχήν, ὅθεν καὶ 'Αζηνὶς ἐκαλεῖτο, ὥς φηςι Καλλίμαχος· 'μέλλεν—καλέεςθαι'· ὅπερ ἐςτὶ πολύυδρος, ὡς τὰ ἑξῆς δηλοῖ· πολλοὺς γὰρ ποταμοὺς καταλέγει ἐν αὐτῇ ὄντας 26 Schol. (BDEQ) Pind. O. VI 145 c. ὅτι ἡ Μετώπη τῆς 'Αρκαδίας ποταμός, Καλλίμαχος ἱςτορεῖ ἐν Ὕμνοις· 'πολυςτιόν τε Μετώπην'. Schol. Ap.Rh. II 1172 ςτῖαι αἱ ψῆφοι (inde Et.gen. AB v. ςτεῖαι [sic])· Καλλίμαχος· 'πολυςτιόν τε Μετώπην' (μέτωπον codd.) 39 Schol. (Ald.) Aristoph. Ach. 724 ἀπὸ Λεπρέου (Suid.: λεπρίου Schol.) πολίςματος τῆς Πελοποννήςου, ἧς μέμνηται καὶ Καλλίμαχος ἐν Ὕμνοις· 'Καυκώνων—πεφάτιςται' (inde Suid. v. ἀγορανομίας). Et.gen. B v. Καύκων (= Et.Gud. p. 308, 26 Sturz et Et.Gud. cod. Par., Cramer, AP IV 68, 24) . . . 'Καυκώνων (-όνων B) πτολίεθρον' . . . 'Ηρωδιανὸς (om. B) Περὶ παθῶν (Lentz II p. 218, 13)

20 'Αζηνίς Schol. Dionys. Per.: ἀρκαδίη Ψ i.e. glossa quae in textum irrepsit   24 καρίωνος Ψ: Καρνίωνος Arnaldus coll. Paus. VIII 34, 5 (ubi codd. 'formae vulgatae' habent καρίων)   26 πολυςτιόν Schol. Pind. et Schol. Ap.: πολυςτειόν Ψ: πολυςτειβόν E (at -ςτειόν in marg.) et T in marg.   30 θεά Ψ (ut III 112. 186), sed θεή cett. locis in Ψ et in p fr. 75, 6. 186, 30   33 v.l. in Ψ? κομίςςαι αβγδ, sed ζειν supra ςςαι scr. ΠSQ: κομίζειν ζ (cf. v 68 ὅπαςςε κομίζειν, v.l. κομίς(ς)ειν)   36 πρωτίςτη γενεῇ Ψ: corr. Schn.   μετά τε Ψ (omnes codd.): corr. Blomfield   ad τε Φιλύρην cf. Rhian. fr. 44 Jacoby = 54 Pow. et Maas, Metrik³, Addenda 1929, p. 36 ad § 128   37 ἀπέτιςε Ψ   39 λέπρειον Suid. codd.: λέπριον Ψ et Schol. Aristoph.   41 γυιωνοὶ Ψ: corr. La (γυιωνοὶ in υἱωνοὶ corr. I m. rec.)

I. IN IOVEM

εὖτε Θενὰς ἀπέλειπεν ἐπὶ Κνωσοῖο φέρουσα,
Ζεῦ πάτερ, ἡ Νύμφη σε (Θεναὶ δ' ἔσαν ἐγγύθι Κνωσοῦ),
τουτάκι τοι πέσε, δαῖμον, ἄπ' ὀμφαλός· ἔνθεν ἐκεῖνο
45 Ὀμφάλιον μετέπειτα πέδον καλέουσι Κύδωνες.
Ζεῦ, σὲ δὲ Κυρβάντων ἑτάραι προσεπηχύναντο
Δικταῖαι Μελίαι, σὲ δ' ἐκοίμισεν Ἀδρήστεια
λίκνῳ ἐνὶ χρυσέῳ, σὺ δ' ἐθήσαο πίονα μαζόν
αἰγὸς Ἀμαλθείης, ἐπὶ δὲ γλυκὺ κηρίον ἔβρως.
50 γέντο γὰρ ἐξαπιναῖα Πανακρίδος ἔργα μελίσσης
Ἰδαίοις ἐν ὄρεσσι, τά τε κλείουσι Πάνακρα.
οὖλα δὲ Κούρητές σε περὶ πρύλιν ὠρχήσαντο
τεύχεα πεπλήγοντες, ἵνα Κρόνος οὔασιν ἠχήν
ἀσπίδος εἰσαΐοι καὶ μή σεο κουρίζοντος.
55 καλὰ μὲν ἠέξευ, καλὰ δ' ἔτραφες, οὐράνιε Ζεῦ,
ὀξὺ δ' ἀνήβησας, ταχινοὶ δέ τοι ἦλθον ἴουλοι.
ἀλλ' ἔτι παιδνὸς ἐὼν ἐφράσσαο πάντα τέλεια·
τῷ τοι καὶ γνωτοὶ προτερηγενέες περ ἐόντες
οὐρανὸν οὐκ ἐμέγηραν ἔχειν ἐπιδαίσιον οἶκον.
60 δηναιοὶ δ' οὐ πάμπαν ἀληθέες ἦσαν ἀοιδοί·
φάντο πάλον Κρονίδῃσι διάτριχα δώματα νεῖμαι·
τίς δέ κ' ἐπ' Οὐλύμπῳ τε καὶ Ἄϊδι κλῆρον ἐρύσσαι,

---

44 sq. Schol. Nic. Al. 7 Ὀμφαλὸς ... τόπος ἐν Κρήτῃ, ὡς καὶ Καλλ. 'πέσε—Κύδωνες'
47 sqq. Schol. Ap.Rh. 1 509 Δικταῖον ... σπέος] τὸ Κρητικόν, ἔνθα ἀνετράφη ὁ Ζεύς, ὡς καὶ Καλλίμαχος ἱστορεῖ. Schol. (Vat.) Eur. Rhes. 342 Ἀδράστεια] ... ἄλλοι δὲ Μελισσέως μὲν τοῦ Κρητός, ἀδελφὴν Κυνοσούρας, Διὸς τροφόν. Καλλίμαχος· 'σὲ—χρυσέῳ'. Schol. (LP) Ap.Rh. III 133 Ἀδρήστεια] Καλλίμαχος· 'σὲ—Ἀδρήστεια', ἀδελφὴ Κουρήτων (v. infra ad Schol.)
48 sq. Apollon. Soph. p. 18, 7 Bekk. v. αἰγίοχος ... οἱ δὲ νεώτεροι κακῶς, ὡς αἰγὸς ὀχήν, τουτέστι τροφήν, εἰληφότος· ὁ δέ τοι Καλλ. ὕμνον γράφων εἰς Δία πρῶτόν (?) φησι· 'σὺ—Ἀμαλθείης'. Et.gen. AB (Reitzenst., Etymol. p. 13, 15 = Et.Sym. cod. V i. marg., ibid. p. 270, 16 = Et.Gud. p. 109, 20 de Stef. = Et.M. p. 76, 32 et Reitz. ibid. p. 226, 6) v. Ἀμάλθεια· ἡ τροφὸς τοῦ Διός. Καλλίμαχος· 'σὺ—Ἀμαλθείης' (πίονα om. Et.Sym. et Et.M.) 51 Schol. Pind. O. v 42 b Ἰδαῖον ... ἄντρον] τὸ Κρητικὸν ὄρος, ἔνθα ἀνετράφη ὁ Ζεὺς ὑπὸ τῶν Κουρήτων φρουρούμενος ... μέμνηται δὲ τῆς ἀνατροφῆς τοῦ Διὸς καὶ ὁ Καλλίμαχος ἐν Ὕμνοις. Steph.Byz. v. Πάνακρα· ὄρος Κρήτης. Καλλίμαχος· 'Ἰδαίοις—Πάνακρα' 52 Hesych. v. 'πρύλιν'· πυρρίχην (aut ad hy. III 240) 53 sq. Anonym. Ambr. de re metr., Studemund, AG p. 225, 2 Καλλίμαχος· 'ἵνα—κουρίζοντος'. 59 Ἐκλογαὶ διαφ. λέξ., Cramer, AO II 434, 4 (cf. Reitzenst., Etymol. pp. 170 sqq., ex Seleuco, de quo v. ad fr. 275), 'ἐπιδαίσιον οἶκον'· τὸν ἐπίκοινον καὶ ἀμέριστον, ὅταν ⟨μὴ⟩ μερίσῃ κληρονόμοις· κυρίως δὲ ὁ ἐξ ἴσου καταλειφθεὶς δύο τισίν, inde Etymologica et Suid.; ad verbum Et.Gud. p. 502, 22 de Stef., cf. Et.gen. B v. 'ἐπιδαίσιον οἶκον' (= Et.M. p. 356, 43), Suid. v. ἐπιδαίσιος οἶκος 61 Hesych. v. 'νεῖμαι'· μερίσαι, διελεῖν

---

48 λίκνῳ Schol. Eur.: λείκνῳ Ψ 51 -σιν ἅ τε Steph.Byz. 53–60 = P.Oxy. ined., A fr. I verso 53 πεπληγότες Ψ: corr. La et η (= Nonn. 28, 327; cf. v.l. Arat. Ph. 193); de accentu v. Schol. A M 125 59 in P.Oxy. (v. Addenda, vol. xx, p. 104) glossa interlin. οὐκ] ἐφθόνησαν, ἀλλὰ παρ[εχώρησαν (ad ἐμέγηραν)

I. IN IOVEM

ὃς μάλα μὴ νενίηλος; ἐπ' ἰcαίῃ γὰρ ἔοικε
πήλαcθαι· τὰ δὲ τόccον ὅcον διὰ πλεῖcτον ἔχουcι.
65 ψευδοίμην, ἀίοντος ἅ κεν πεπίθοιεν ἀκουήν.
οὔ cε θεῶν ἐccῆνα πάλοι θέcαν, ἔργα δὲ χειρῶν,
cή τε βίη τό τε κάρτος, ὃ καὶ πέλας εἷcαο δίφρου.
θήκαο δ' οἰωνῶν μέγ' ὑπείροχον ἀγγελιώτην
cῶν τεράων· ἅ τ' ἐμοῖcι φίλοις ἐνδέξια φαίνοις.
70 εἵλεο δ' αἰζηῶν ὅ τι φέρτατον· οὐ cύ γε νηῶν
ἐμπεράμους, οὐκ ἄνδρα cακέcπαλον, οὐ μὲν ἀοιδόν·
ἀλλὰ τὰ μὲν μακάρεccιν ὀλίζοcιν αὖθι παρῆκας
ἄλλα μέλειν ἑτέροιcι, cὺ δ' ἐξέλεο πτολιάρχους
αὐτούς, ὧν ὑπὸ χεῖρα γεωμόρος, ὧν ἴδρις αἰχμῆς,
75 ὧν ἐρέτης, ὧν πάντα· τί δ' οὐ κρατέοντος ὑπ' ἰσχύν;
αὐτίκα χαλκῆας μὲν ὑδείομεν Ἡφαίcτοιο,
τευχηcτὰς δ' Ἄρηος, ἐπακτῆρας δὲ Χιτώνης
Ἀρτέμιδος, Φοίβου δὲ λύρης εὖ εἰδότας οἴμους·
'ἐκ δὲ Διὸς βαcιλῆες', ἐπεὶ Διὸς οὐδὲν ἀνάκτων
80 θειότερον· τῷ καί cφε τεὴν ἐκρίναο λάξιν.
δῶκας δὲ πτολίεθρα φυλαccέμεν, ἵζεο δ' αὐτός
ἄκρης' ἐν πολίεccιν, ἐπόψιος οἵ τε δίκῃcι
λαὸν ὑπὸ cκολιῆc' οἵ τ' ἔμπαλιν ἰθύνουcιν·
ἐν δὲ ῥυηφενίην ἔβαλές cφιcιν, ἐν δ' ἅλις ὄλβον·
85 πᾶcι μέν, οὐ μάλα δ' ἶcον. ἔοικε δὲ τεκμήραcθαι
ἡμετέρῳ μεδέοντι· περιπρὸ γὰρ εὐρὺ βέβηκεν.
ἑcπέριος κεῖνός γε τελεῖ τά κεν ἦρι νοήcῃ·
ἑcπέριος τὰ μέγιcτα, τὰ μείονα δ', εὖτε νοήcῃ.
οἱ δὲ τὰ μὲν πλειῶνι, τὰ δ' οὐχ ἑνί, τῶν δ' ἀπὸ πάμπαν
90 αὐτὸς ἄνην ἐκόλουcας, ἐνέκλαccας δὲ μενοινήν.

χαῖρε μέγα, Κρονίδη πανυπέρτατε, δῶτορ ἐάων,
δῶτορ ἀπημονίης. τεὰ δ' ἔργματα τίς κεν ἀείδοι;
οὐ γένετ', οὐκ ἔcται· τίς κεν Διὸς ἔργματ' ἀείcει;

---

63 Hesych. v. 'νενίηλος' (νενίηλος cod.) τυφλός, ἀπόπληκτος, ἀνόητος   66 Et.Orion.
p. 61, 13 v. ἐccήν· ὁ βαcιλεύς, ὡς παρὰ Καλλιμάχῳ· 'οὔ—πάλοι (sic) θέcαν' (inde Et.gen. B v.
ἐccήν = Et.M. 383, 27, ubi πάλιν codd.). Et.gen. B v. πάλος· ὁ κλῆρος ... ὡς παρὰ Καλλιμάχῳ·
'οὔ—θέcαν' (ὅc cε ... ἐccῆν' ἀπάλου B)   79 'ἐκ—βαcιλῆες' = Hes. Th. 96   84
Et.gen. B v. ῥυηφενία (ῥυφένια B) ... Καλλίμαχος· 'ἐν—cφίcιν' (ῥυφενίης ἔβαλέ B)

66 ἐccῆνα p fr. 178, 23: ἐccῆνα Ψ et test.   68 οἰωνὸν Ψ: corr. H. Stephanus
76–83 = P.Oxy. ined., A fr. I recto   80 cφι Ψ (correxerat Bentl.) P.Oxy.:   87
ἠοῖ Ψ: corr. T marg. (v. Miscell. observ. Amstelod. 1732, I 123)   νοήcει Ψ: corr.
La   90 ἐνέκλαcας Ψ: alterum c e correctura add. B   93 κεν Ψ: καί coni. Wil.   ἀείcει
aLa: ἀείcοι Ψ; κεν c. indic. fut. Δ 176, Ξ 267, P 515 (cf. Leaf ad X 66 et Wackernagel,

I. IN IOVEM

χαῖρε, πάτερ, χαῖρ' αὖθι· δίδου δ' ἀρετήν τ' ἀφενός τε.
95 οὔτ' ἀρετῆς ἄτερ ὄλβος ἐπίσταται ἄνδρας ἀέξειν
οὔτ' ἀρετή ἀφένοιο· δίδου δ' ἀρετήν τε καὶ ὄλβον.

II
ΕΙC ΑΠΟΛΛΩΝΑ

Οἷον ὁ τὠπόλλωνος ἐςείςατο δάφνινος ὅρπηξ,
οἷα δ' ὅλον τὸ μέλαθρον· ἑκὰς ἑκὰς ὅςτις ἀλιτρός.
καὶ δή που τὰ θύρετρα καλῷ ποδὶ Φοῖβος ἀράςςει·
οὐχ ὁράᾳς; ἐπένευςεν ὁ Δήλιος ἡδύ τι φοῖνιξ
5 ἐξαπίνης, ὁ δὲ κύκνος ἐν ἠέρι καλὸν ἀείδει.
αὐτοὶ νῦν κατοχῆες ἀνακλίναςθε πυλάων,
αὐταὶ δὲ κληῖδες· ὁ γὰρ θεὸς οὐκέτι μακρήν·
οἱ δὲ νέοι μολπήν τε καὶ ἐς χορὸν ἐντύναςθε.
ὡπόλλων οὐ παντὶ φαείνεται, ἀλλ' ὅτις ἐσθλός·
10 ὅς μιν ἴδῃ, μέγας οὗτος, ὃς οὐκ ἴδε, λιτὸς ἐκεῖνος.
ὀψόμεθ', ὦ 'Εκάεργε, καὶ ἐςςόμεθ' οὔποτε λιτοί.
μήτε ςιωπηλὴν κίθαριν μήτ' ἄψοφον ἴχνος
τοῦ Φοίβου τοὺς παῖδας ἔχειν ἐπιδημήςαντος,
εἰ τελέειν μέλλουςι γάμον πολιήν τε κερεῖςθαι,
15 ἑςτήξειν δὲ τὸ τεῖχος ἐπ' ἀρχαίοιςι θεμέθλοις.

---

94 δίδου κτλ. v. ad v. 96 95 Stob. flor. IV c. 39, 4 (vol. V p. 903, 5 H.) Καλλιμάχου ῾Ύμνων· 'οὔτ'—ἀέξειν.' 95/6 Schol. Pind. O. II 96 f. ὡς καὶ Καλλίμαχος· 'οὔτ' ἀρετῆς— καὶ ὄλβον'. Schol. Pind. P. V 1a ὡς καὶ Καλλ.· 'οὔτ' ἀρετῆς—ἀφένοιο'. 96 Et.gen. B v. ἀφενός·... λέγεται καὶ ἀρσενικῶς καὶ οὐδετέρως (sc. ἄφενος)· ἀρσενικῶς μὲν παρὰ Καλλιμάχῳ, οἷον· 'οὔτ' ἀρετὴ ἀφένοιο· δίδου δ' ἀρετὴν ἄφενόν τε'; ibid. v. ἄφνει... ἄφενος... ἀρσενικόν ἐστιν, οἷον 'οὔτ' ἀρετὴ ἀφένοιο' (= Et.M. p. 178, 6)
Testim. 3 Hesych. v. 'ἀράςςει'·... τύπτει 6 Schol. (K) Theocr. XI 12 αὐταί]... "Ομηρος (Θ 99)... ἀντὶ τοῦ αὐτόματος καὶ μόνος. Καλλίμαχος· 'αὐτοὶ—ἀνακλίναςθε θυράων' 15 Choer. in Theodos., Gr.Gr. IV 2, p. 114, 25 H. 'ἑςτήξειν—θεμέθλοις' παρὰ Καλλιμάχῳ ἐν ῾Ύμνοις; ibid. p. 343, 2 ὡς παρὰ Καλλ.· 'ἑςτήξειν—θεμέθλοις' ἀντὶ τοῦ μέλλειν ἵςταςθαι τὸ τεῖχος ἐπ' ἀρχαίοις θεμελίοις. Et.Gud. p. 436, 20 de Stef. v. εἱςτήκειν·... ὁ ποιητὴς ⟨...⟩ 'ἑςτήξειν—θεμέθλοις'. Epim. alph. in Hom., AO I p. 374, 27 (v. infra ad Scholia),... ὁ

Vorlesungen über Syntax I 223; A. C. Moorhouse, Cl.Qu. 40 (1946) 7 sq.) 94 ἀρετὴν ἀφενόν τε Et.gen. (ad v. 96)
1-18 = P.Oxy. ined., A fr. 2 recto 1 δαφνικος Dieg., ut videtur 2]ρνολον et ad supra ον 𝔭: οἷο δ' Ψ: οἷα δ' La: οἶον Valckenaer (οἷον in textu, οἷα δ' marg. T teste Nigra) 5 ὁ δὲ Ψ: οτε 𝔭 6 ἀνακλίναςθε Schol. Theocr.: -εςθε Ψ (cf. v. 8)]θυραων sscr. πυλαων 𝔭: πυλάων Ψ: θυράων Schol. Theocr. 7 ὁ γὰρ θεὸς Ψ: επειθεος[𝔭 μακρην 𝔭: μακράν Ψ (correxerat Mein.) 8 οςχ[... ε]ρτυναςθε 𝔭: -εςθε Ψ 9 αλλ' οςτις 𝔭
10 ιδη μεγας Ψ: ι]δενμεγας 𝔭 (coniecerat Blomfield)

II. IN APOLLINEM

ἠγαcάμην τοὺc παῖδαc, ἐπεὶ χέλυc οὐκέτ' ἀεργόc.
εὐφημεῖτ' ἀίοντεc ἐπ' Ἀπόλλωνοc ἀοιδῇ.
εὐφημεῖ καὶ πόντοc, ὅτε κλείουcιν ἀοιδοί
ἢ κίθαριν ἢ τόξα, Λυκωρέοc ἔντεα Φοίβου.
20 οὐδὲ Θέτιc Ἀχιλῆα κινύρεται αἴλινα μήτηρ,
ὁππόθ' ἰὴ παιῆον ἰὴ παιῆον ἀκούcῃ.
καὶ μὲν ὁ δακρυόειc ἀναβάλλεται ἄλγεα πέτροc,
ὅcτιc ἐνὶ Φρυγίῃ διεροc λίθοc ἐcτήρικται,
μάρμαρον ἀντὶ γυναικὸc ὀϊζυρόν τι χανούcηc.
25 ἰὴ ἰὴ φθέγγεcθε· κακὸν μακάρεccιν ἐρίζειν.
ὃc μάχεται μακάρεccιν, ἐμῷ βαcιλῆι μάχοιτο·
ὅcτιc ἐμῷ βαcιλῆι, καὶ Ἀπόλλωνι μάχοιτο.
τὸν χορὸν ὡπόλλων, ὅ τι οἱ κατὰ θυμὸν ἀείδει,
τιμήcει· δύναται γάρ, ἐπεὶ Διὶ δεξιὸc ἧcται.
30 οὐδ' ὁ χορὸc τὸν Φοῖβον ἐφ' ἓν μόνον ἦμαρ ἀείcει,
ἔcτι γὰρ εὔυμνοc· τίc ἂν οὐ ῥέα Φοῖβον ἀείδοι;
χρύcεα τὠπόλλωνι τό τ' ἐνδυτὸν ἥ τ' ἐπιπορπίc
ἥ τε λύρη τό τ' ἄεμμα τὸ Λύκτιον ἥ τε φαρέτρη,
χρύcεα καὶ τὰ πέδιλα· πολύχρυcοc γὰρ Ἀπόλλων
35 καὶ πουλυκτέανοc· Πυθῶνί κε τεκμήραιο.
καὶ μὲν ἀεὶ καλὸc καὶ ἀεὶ νέοc· οὔποτε Φοίβου
θηλείαιc οὐδ' ὅccον ἐπὶ χνόοc ἦλθε παρειᾶc,
αἱ δὲ κόμαι θυόεντα πέδῳ λείβουcιν ἔλαια·
οὐ λίποc Ἀπόλλωνοc ἀποcτάζουcιν ἔθειραι,
40 ἀλλ' αὐτὴν πανάκειαν· ἐν ἄcτεϊ δ' ᾧ κεν ἐκεῖναι
πρῶκεc ἔραζε πέcωcιν, ἀκήρια πάντ' ἐγένοντο.
τέχνῃ δ' ἀμφιλαφὴc οὔτιc τόcον ὅccον Ἀπόλλων·
κεῖνοc ὀϊcτευτὴν ἔλαχ' ἀνέρα, κεῖνοc ἀοιδόν
(Φοίβῳ γὰρ καὶ τόξον ἐπιτρέπεται καὶ ἀοιδή),

μέλλων ἐcτήξω· 'ἐcτήξειν—θεμέθλοιc'   19 Theognost. can., AO II 45, 32 ἡ δὲ 'Λυκωρέοc' γενικὴ ἀπὸ τῆc Λυκωρεύc εὐθείαc ἐκφερομένη οὖcα (sic) τετήρηται ([Arcad.] Exc. ex Herodian. p. 26, 14 Ba. = 28, 1 Schm. Λυκώρηc, ὅπερ Καλλίμαχοc ὀξύνει?, v. Lentz ad Herodian. I 72, 6)   33 Hesych. v. 'ἄεμμα', cf. infra ad Schol. P.Oxy. ined.   37 Hesych. v. 'χνόοc'· ὁ χνοῦ⟨c⟩ τοῦ γεν⟨ε⟩ιᾶν ἀρξαμένου (suppl. Musurus)   40 sq. Schol. Theocr. IV 16 a., v. ad fr. 1, 34 (ὡc κεν et πεcοῦcαι vel πεcοῦνται codd.)   41 Hesych. v. 'ἀκήρια'· ἀκέραια, cῶα

24–40 = P.Oxy. ined., A fr. 2 verso   31]ιcαν, ουρεα 𝔭: ἂν' οὔρεα Ψ: divisit T in marg.   35 καιρου[. . . . .]ανοc 𝔭 (infra υ fort. finis sinister signi quod dicitur ὑφέν): καί τε (δὲ Schn.) πολυκτέανοc Ψ (πουλυ- composita, ut πουλυκτέανοc, ab Homero aliena, apud sequiores quoque poetas rarissima, cf. Gu. Schulze, quaest. ep. p. 445)   36 καιμεν[𝔭: καί κεν Ψ (correxerat Belin de Ballu)   37 θηλεια[𝔭 in textu et θηλείαιc in lemmate Schol.: θηλείαιc Ψ ηλυθεπαρει[𝔭

II. IN APOLLINEM

45 κείνου δὲ θριαὶ καὶ μάντιες· ἐκ δέ νυ Φοίβου
ἰητροὶ δεδάασιν ἀνάβλησιν θανάτοιο.
Φοῖβον καὶ Νόμιον κικλήσκομεν ἐξέτι κείνου,
ἐξότ' ἐπ' Ἀμφρυσσῷ ζευγίτιδας ἔτρεφεν ἵππους
ἠιθέου ὑπ' ἔρωτι κεκαυμένος Ἀδμήτοιο.
50 ῥεῖά κε βουβόσιον τελέθοι πλέον, οὐδέ κεν αἶγες
δεύοιντο βρεφέων ἐπιμηλάδες, ᾗσιν Ἀπόλλων
βοσκομένῃς' ὀφθαλμὸν ἐπήγαγεν· οὐδ' ἀγάλακτες
ὄιες οὐδ' ἄκυθοι, πᾶσαι δέ κεν εἶεν ὕπαρνοι,
ἡ δέ κε μουνοτόκος διδυμητόκος αἶψα γένοιτο.
55 Φοίβῳ δ' ἑσπόμενοι πόλιας διεμετρήσαντο
ἄνθρωποι· Φοῖβος γὰρ ἀεὶ πολίεσσι φιληδεῖ
κτιζομένῃς', αὐτὸς δὲ θεμείλια Φοῖβος ὑφαίνει.
τετραέτης τὰ πρῶτα θεμείλια Φοῖβος ἔπηξε
καλῇ ἐν Ὀρτυγίῃ περιηγέος ἐγγύθι λίμνης.
60 Ἄρτεμις ἀγρώσσουσα καρήατα συνεχὲς αἰγῶν
Κυνθιάδων φορέεσκεν, ὁ δ' ἔπλεκε βωμὸν Ἀπόλλων,
δείματο μὲν κεράεσσιν ἐδέθλια, πῆξε δὲ βωμόν
ἐκ κεράων, κεραοὺς δὲ πέριξ ὑπεβάλλετο τοίχους.
ὧδ' ἔμαθεν τὰ πρῶτα θεμείλια Φοῖβος ἐγείρειν.
65 Φοῖβος καὶ βαθύγειον ἐμὴν πόλιν ἔφρασε Βάττῳ
καὶ Λιβύην ἐσιόντι κόραξ ἡγήσατο λαῷ,
δεξιὸς οἰκιστῆρι, καὶ ὤμοσε τείχεα δώσειν
ἡμετέροις βασιλεῦσιν· ἀεὶ δ' εὔορκος Ἀπόλλων.
ὤπολλον, πολλοί σε Βοηδρόμιον καλέουσι,
70 πολλοὶ δὲ Κλάριον, πάντη δέ τοι οὔνομα πουλύ·
αὐτὰρ ἐγὼ Καρνεῖον· ἐμοὶ πατρώιον οὕτω.
Σπάρτη τοι, Καρνεῖε, τόδε πρώτιστον ἔδεθλον,
δεύτερον αὖ Θήρη, τρίτατόν γε μὲν ἄστυ Κυρήνης.

47–9 Schol. D Gen. (II) B 766 τὰς Ἀδμήτου ἵππους· ἐπεὶ Νόμιος ὁ θεὸς ἐξ ἐκείνου, ἀφ' οὗ ἐθήτευσε τῷ Ἀδμήτῳ· ἤτοι ὡς Καλλήμαχος· 'ἠιθέου—Ἀδμήτοιο', ἢ ὡς Εὐριπίδης. Schol. A Ψ 383 δοκεῖ κατὰ τὸν μῦθον Ἀπόλλων θητεῦσαι Ἀδμήτῳ... ὡς... Καλλίμαχος, διὰ τὸ ἐρασθῆναι Ἀδμήτου 52 sq. Et.gen. B v. ἄκυθος (= Et.M. p. 55, 12 = Et.Gud. cod. Par. 2636, Cramer, AP IV 60, 4) λέγεται ἡ ἄγονος. Καλλίμαχος· 'οὐδ' ἀγάλακτες—ὕπαρνοι' (v. infra ad Schol.) 53 Et.gen. B v. ἄκυτος (= Et.M. p. 54, 52)... Καλλίμαχος· 'ἄκυθος' εἰπὼν μεταλήψει στοιχείου ἐχρήσατο 57 Hesych. v. 'ὑφαίνει'· κατασκευάζει 58 Hesych. v. 'ἔπηξεν'· ἔστησεν 70 Hesych. v. 'Κλάριον'·... ἐπίθετον Ἀπόλλωνος

---

48 ἀμφρυς(c)ῶ **αβγδ**: ἀμβρυσσῶ ζ (de varia nominis forma v. ad Schol.)   51 ἐπιμηλάδες Ψ, v.l. μενεμμηλάδες (sic) in Schol. EeQ (μενεμηλάδες Schol. La), ubi μεν del.   53 ὄιες Ψ: ὄιες La, Et.gen. (cf. ι 425)   54 διδυμοτόκος Ψ: corr. anonym. ap. L. van Santen (-ατόκος iam H. Stephan.)   60 καρήατα Ψ: v.l. κεράατα Schol. P. Ant. (coniecerat Mein.)   67 οἰκιστὴρ Ψ: corr. Bentl.   72 τόδε Ψ ('haec fuit prima sedes'?) suspectum: τὸ δὴ Kaibel, alii alia

II. IN APOLLINEM

ἐκ μέν cε Cπάρτηc ἕκτον γένοc Οἰδιπόδαο
75 ἤγαγε Θηραίην ἐc ἀπόκτιcιν· ἐκ δέ cε Θήρηc
οὖλοc Ἀριcτοτέληc Ἀcβυcτίδι πάρθετο γαίῃ,
δεῖμε δέ τοι μάλα καλὸν ἀνάκτορον, ἐν δὲ πόληι
θῆκε τελεcφορίην ἐπετήcιον, ᾗ ἔνι πολλοί
ὑcτάτιον πίπτουcιν ἐπ' ἰcχίον, ὦ ἄνα, ταῦροι.
80 ἰὴ ἰὴ Καρνεῖε πολύλλιτε, cεῖο δὲ βωμοί
ἄνθεα μὲν φορέουcιν ἐν εἴαρι τόccα περ Ὧραι
ποικίλ' ἀγινεῦcι ζεφύρου πνείοντοc ἐέρcην,
χείματι δὲ κρόκον ἡδύν· ἀεὶ δέ τοι ἀέναον πῦρ,
οὐδέ ποτε χθιζὸν περιβόcκεται ἄνθρακα τέφρη.
85 ἦ ῥ' ἐχάρη μέγα Φοῖβοc, ὅτε ζωcτῆρεc Ἐννοῦc
ἀνέρεc ὠρχήcαντο μετὰ ξανθῇcι Λιβύccηc,
τέθμιαι εὖτέ cφιν Καρνειάδεc ἤλυθον ὧραι.
οἱ δ' οὔπω πηγῇcι Κύρηc ἐδύναντο πελάccαι
Δωριέεc, πυκινὴν δὲ νάπηc' Ἄζιλιν ἔναιον.
90 τοὺc μὲν ἄναξ ἴδεν αὐτόc, ἑῇ δ' ἐπεδείξατο νύμφῃ
cτὰc ἐπὶ Μυρτούccηc κερατώδεοc, ᾗχι λέοντα
Ὑψηὶc κατέπεφνε βοῶν cίνιν Εὐρυπύλοιο.
οὐ κείνου χορὸν εἶδε θεώτερον ἄλλον Ἀπόλλων,
οὐδὲ πόλει τόc' ἔνειμεν ὀφέλcιμα, τόccα Κυρήνῃ,
95 μνωόμενοc προτέρηc ἁρπακτύοc. οὐδὲ μὲν αὐτοί
Βαττιάδαι Φοίβοιο πλέον θεὸν ἄλλον ἔτιcαν.
ἰὴ ἰὴ παιῆον ἀκούομεν, οὕνεκα τοῦτο
Δελφόc τοι πρώτιcτον ἐφύμνιον εὕρετο λαόc,
ἦμοc ἐκηβολίην χρυcέων ἐπεδείκνυcο τόξων.
100 Πυθώ τοι κατιόντι cυνήντετο δαιμόνιοc θήρ,
αἰνὸc ὄφιc. τὸν μὲν cὺ κατήναρεc ἄλλον ἐπ' ἄλλῳ
βάλλων ὠκὺν ὀϊcτόν, ἐπηΰτηcε δὲ λαόc·

74-6 Schol. Dionys. Per. 213 ὁ Θήραc ἄνωθεν Λάκων (sic) ... οὗ μέμνηται Καλλίμαχοc περὶ τῆc ἱcτορίαc· 'ἐκ μέν cε—Ἀριcτοτέληc'   74 Schol. (EGK) Pind. P. v 99 a ἐπεὶ ἐκ Λακωνικῆc ἐλθόντεc οἱ περὶ Θήραν Καλλίcτην ᾤκηcαν· Καλλίμαχοc· 'ἐκ μέν cε—γένοc'. 88 sq. Schol. (DEGQ) Pind. P. IV 523 Ἀπόλλωνοc κρήνην φηcίν, ἧc καὶ Καλλίμαχοc μνημονεύει· 'οἱ δ'—Δωριέεc'   91 sq. Schol. (BDEGQ) Pind. IX 45 κατέλαβε δὲ ἐν τῷ Πηλίῳ τότε τὴν Κυρήνην ὁ Ἀπόλλων τῷ ἰcχυρῷ ἄνευ δόρατοc μόνην διαμαχομένην λέοντι. καὶ Καλλίμαχοc· 'ἔνθα λέοντα—Εὐρυπύλοιο'   92 Schol. Ap.Rh. IV 1561 c. μνημονεύει τοῦ Εὐρυπύλου καὶ Καλλίμαχοc, λέγων· 'βοῶν—Εὐρυπύλοιο', περὶ Κυρήνηc ποιούμενοc τὸν λόγον 100-3 Schol. (Ald.) Aristoph. Pac. 453 ἰὴ παιήων] ἐφύμνιον εἰc Ἀπόλλωνα. τὴν δὲ αἰτίαν Καλλίμαχοc ᾖcε διὰ τούτων· 'Πυθώ—ἵει βέλοc'

---

80 πολύλλιcτε Ψ: πολύλ(λ)ιτε La η (-λλιcτε in -λλιτε corr. Β)   88 πηγῆc κύρηc Ψ (κυρήηc η): πηγαῖcι κυρήνηc Schol. Pind.: corr. Schn.   89 νάπαιc Ψ   91 μυρτούccηc Ψ: -ούcηc Ε ζLaI, cf. ad fr. 43, 86   κερατώδεοc Ψ: κεραώδεοc Mein.   ᾗχι Ψ: ἔνθα Schol. Pind.   93 εἶδε aLa: ἴδε Ψ   94 ἔδειμεν Ψ: corr. La

II. IN APOLLINEM

' ἰὴ ἰὴ παιῆον, ἵει βέλος, εὐθύ ϲε μήτηρ
γείνατ' ἀοϲϲητῆρα '· τὸ δ' ἐξέτι κεῖθεν ἀείδῃ.
105 ὁ Φθόνος Ἀπόλλωνος ἐπ' οὔατα λάθριος εἶπεν·
' οὐκ ἄγαμαι τὸν ἀοιδὸν ὃς οὐδ' ὅϲα πόντος ἀείδει.'
τὸν Φθόνον ὡπόλλων ποδί τ' ἤλαϲεν ὧδέ τ' ἔειπεν·
' Ἀϲϲυρίου ποταμοῖο μέγας ῥόος, ἀλλὰ τὰ πολλά
λύματα γῆς καὶ πολλὸν ἐφ' ὕδατι ϲυρφετὸν ἕλκει.
110 Δηοῖ δ' οὐκ ἀπὸ παντὸς ὕδωρ φορέουϲι μέλιϲϲαι,
ἀλλ' ἥτις καθαρή τε καὶ ἀχράαντος ἀνέρπει
πίδακος ἐξ ἱερῆς ὀλίγη λιβὰς ἄκρον ἄωτον.'
χαῖρε, ἄναξ· ὁ δὲ Μῶμος, ἵν' ὁ Φθόνος, ἔνθα νέοιτο.

---

110 Hesych. v. 'μέλιϲϲαι'· αἱ τῆς Δήμητρος μύϲτιδες   111 Hesych. v. 'ἀνέρπει'·
ἀνέρχεται   113 Schol. Greg.Naz. c. 1 2, 34, 72 (= PG 37, 950) in cod. Bodl. E. D.
Clarke 12 (saec. x), fol. 3ᵃ (in marg. dext., cuius pars exterior abscissa est) ἡ βαϲκανία δὲ
καὶ βλάβη διὰ φθόνου· ἡ μέμψις· ὃν γὰρ φθο[νεῖ] | τ(ι)ϲ κ(αὶ) βαϲκαίνει, μ[έμ]|φετ(αι) κ(αὶ)
ϲκώπτει, [κα]|θώς φηϲι (καὶ) τ(ι)ϲ τ(ῶν) ϲοφ(ῶν)· '[βα]|ϲκανίηϲ μνημεῖ(ον) [ἀρι]|φραδές (ἐϲτιν)
ὁ μῶμ[οϲ·]' καὶ ὁ Καλλίμαχ(ος)· 'ὁ | δὲ μῶμοϲ ἵν' | ὁ φθόνος | ἔνθα νέ|οιτο' (post νέ
atramenti vestigia, fort. υ)

V
ΕΙC ΛΟΥΤΡΑ ΤΗC ΠΑΛΛΑΔΟC

Ὅσσαι λωτροχόοι τᾶς Παλλάδος ἔξιτε πᾶσαι,
ἔξιτε· τᾶν ἵππων ἄρτι φρυασσομενᾶν
τᾶν ἱερᾶν ἐσάκουσα, καὶ ἁ θεὸς εὔτυκος ἕρπεν·
σοῦσθέ νυν, ὦ ξανθαὶ σοῦσθε Πελασγιάδες.
5 οὔποκ' Ἀθαναία μεγάλως ἀπενίψατο πάχεις,
πρὶν κόνιν ἱππειᾶν ἐξελάσαι λαγόνων·
οὐδ' ὅκα δὴ λύθρῳ πεπαλαγμένα πάντα φέροισα
τεύχεα τῶν ἀδίκων ἦνθ' ἀπὸ γαγενέων,
ἀλλὰ πολὺ πράτιστον ὑφ' ἅρματος αὐχένας ἵππων
10 λυσαμένα παγαῖς ἔκλυσεν Ὠκεανῶ
ἱδρῶ καὶ ῥαθάμιγγας, ἐφοίβασεν δὲ παγέντα
πάντα χαλινοφάγων ἀφρὸν ἀπὸ στομάτων.
ὦ ἴτ' Ἀχαιιάδες, καὶ μὴ μύρα μηδ' ἀλαβάστρως
(συρίγγων ἀίω φθόγγον ὑπαξόνιον),
15 μὴ μύρα λωτροχόοι τᾷ Παλλάδι μηδ' ἀλαβάστρως
(οὐ γὰρ Ἀθαναία χρίματα μεικτὰ φιλεῖ)
οἴσετε μηδὲ κάτοπτρον· ἀεὶ καλὸν ὄμμα τὸ τήνας.
οὐδ' ὅκα τὰν Ἴδᾳ Φρὺξ ἐδίκαζεν ἔριν,
οὔτ' ἐς ὀρείχαλκον μεγάλα θεὸς οὔτε Σιμοῦντος
20 ἔβλεψεν δίναν ἐς διαφαινομέναν·
οὐδ' Ἥρα· Κύπρις δὲ διαυγέα χαλκὸν ἑλοῖσα
πολλάκι τὰν αὐτὰν δὶς μετέθηκε κόμαν.
ἁ δὲ δὶς ἑξήκοντα διαθρέξασα διαύλως,
οἷα παρ' Εὐρώτᾳ τοὶ Λακεδαιμόνιοι
25 ἀστέρες, ἐμπεράμως ἐτρίψατο λιτὰ βαλοῖσα

---

2 φρυασσομενᾶν Ψ (-μένων a): corr. Mein.   3 εὔτυκος aEδ: εὔτυκος E in marg., εγζ ἕρπει Ψ:-εν Schn. (-ειν Wil.)   5 ποτ' Ἀθηναία Ψ: πόκ' H. Stephanus, Ἀθαναία Politian.   7 φέρουσα Ψ: corr. La   8 γηγενέων Ψ: γαγ- Mein. (cf. Herodian. in Et.gen. B v. γηγενής... οἱ Δωριεῖς γαγενής; v. Lentz II p. 419, 29)   14 ὑπαξονίων ae (γρ. ὑπαξόνιον) Π (-ίω γρ. ὑπαξόνιον) Laζ: ὑπαξόνιον EQ (sscr. ων) S, Politian. (v.l. in Ψ fuisse videtur) 16 Ἀθηναία, v. supra ad v. 5   μικτὰ Ψ   17 ὄμμα τὸ τήνας om. ζ: ἔνδυμα τὸ τήνας δ (ὦμμα sscr. Q, ὦμμα S in marg.); ἔνδυμα glossam ad v.l. (?) ἔμμα esse suspicatur Pf. (cf. Et.gen. B = Et.M. p. 300, 18 εἵματα· ἱμάτια, ἐνδύματα... Αἰολεῖς ἔμμα, al.); neque ἔμμα neque ὄμμα placet ('periphrasis' pulchritudinis per vocab. ὄμμα?)   18 ἴδαν Ψ: corr. Stanley   in fine ἔρι ζ   19 οὐδ'—οὐδὲ Ψ: οὔτ'—οὔτε Mein.   20 ἔβλεψαν Ψ: corr. E Politian. LaS(ἔκλεψαν sscr. β et ε)   21 ἥρῃ Ψ: Ἥρα Ernesti   24 οἷα περ (vel οἷά περ) Ψ: corr. E Politian. LaSm² in marg.   25 ἐνετρίψατο coni. Mein. (quod receperunt edd.), sed cf. Antiphan. fr. 148, 8 K. ap. Clem.Al. Paed. 3, 2 (vol. I, p. 240, 6 St.) τρίβεται; ἐτρυψάμην = 'detritus vel detersus sum mea ipsius opera... in palaestris' Schol. Dionys. Thr., Gr.Gr. III p. 401, 26 H. et adn. ad Apollon. Dysc. Synt., Gr.Gr. II 2, p. 296, 4 Uhl.   βαλοῖσα aβLa (Π λαβοῖσα, in mg. γρ. βαλοῖσα) δ (S corr. in λαβοῖσα): λαβοῦσα ξ,

V. IN LAVACRUM PALLADIS

χρίματα, τᾶς ἰδίας ἔκγονα φυταλιᾶς,
ὦ κῶραι, τὸ δ' ἔρευθος ἀνέδραμε, πρώϊον οἵαν
ἢ ῥόδον ἢ cίβδας κόκκος ἔχει χροϊάν.
τῷ καὶ νῦν ἄρcεν τι κομίccατε μῶνον ἔλαιον,
30   ᾧ Κάcτωρ, ᾧ καὶ χρίεται Ἡρακλέηc·
οἴcετε καὶ κτένα οἱ παγχρύcεον, ὡc ἀπὸ χαίταν
πέξηται, λιπαρὸν cμαcαμένα πλόκαμον.

ἔξιθ', Ἀθαναία· πάρα τοι καταθύμιοc ἴλα,
παρθενικαὶ μεγάλων παῖδεc Ἀρεcτοριδᾶν·
35   ὠθάνα, φέρεται δὲ καὶ ἁ Διομήδεοc ἀcπίc,
ὡc ἔθοc Ἀργείωc τοῦτο παλαιοτέρωc
Εὐμήδηc ἐδίδαξε, τεῒν κεχαριcμένοc ἱρεύc·
ὅc ποκα βωλευτὸν γνοὺc ἐπί οἱ θάνατον
δᾶμον ἑτοιμάζοντα φυγᾷ τεὸν ἱρὸν ἄγαλμα
40   ᾤχετ' ἔχων, Κρεῖον δ' εἰc ὄροc ᾠκίcατο,
Κρεῖον ὄροc· cὲ δέ, δαῖμον, ἀπορρώγεccιν ἔθηκεν
ἐν πέτραιc, αἷc νῦν οὔνομα Παλλατίδεc.
ἔξιθ', Ἀθαναία περcέπτολι, χρυcεοπήληξ,
ἵππων καὶ cακέων ἁδομένα πατάγῳ.

45   cάμερον, ὑδροφόροι, μὴ βάπτετε—cάμερον, Ἄργοc,
πίνετ' ἀπὸ κρανᾶν μηδ' ἀπὸ τῶ ποταμῶ·
cάμερον αἱ δῶλαι τὰc κάλπιδαc ἢ 'c Φυcάδειαν
ἢ ἐc Ἀμυμώναν οἴcετε τὰν Δαναῶ.
καὶ γὰρ δὴ χρυcῷ τε καὶ ἄνθεcιν ὕδατα μείξαc
50   ἡξεῖ φορβαίων Ἴναχοc ἐξ ὀρέων
τἀθάνᾳ τὸ λοετρὸν ἄγων καλόν. ἀλλά, Πελαcγέ,
φράζεο μὴ οὐκ ἐθέλων τὰν βαcίλειαν ἴδῃc.
ὅc κεν ἴδῃ γυμνὰν τὰν Παλλάδα τὰν πολιοῦχον,
τὤργοc ἐcοψεῖται τοῦτο πανυcτάτιον.
55   πότνι' Ἀθαναία, cὺ μὲν ἔξιθι· μέcφα δ' ἐγώ τι
ταῖcδ' ἐρέω· μῦθοc δ' οὐκ ἐμόc, ἀλλ' ἑτέρων.

λαβοῖcα Politian. (v.l. in Ψ?)   27 κόραι Ψ: κοῦραι La, κῶραι H.Stephan.   28 cίβδηc
Ψ: -αc Ernesti   χροίην Ψ: -αν H.Stephan.   οἷον Ψ: οἵην La, -αν H. Stephan.   29
ἄρcεν τε Ψ: corr. Bergk   κομίccατε μοῦνον Ψ: κομίξατε (?) Schn., μῶνον Ernesti   34
ἀκεcτοριδᾶν Ψ: corr. Valckenaer   36 ἀργείωc—παλαιοτέρων Ψ: corr. anonym. Bern.
(Ἀργείωc etiam anonym. in marg. Aldinae ap. Ernesti); codd. lectionem recepit et lacunam
post v. 36 indicavit Wil.   38 ποτε βουλευτὸν Ψ: ποκα Mein., βωλ- Wil.   46 τῶν
ποταμῶν Ψ: corr. anon. Bern.   48 ἀμυμώμην Ψ: -αν Mein.   τὰc Δαναῶ coni. Maas
49 ὕδατι Ψ: corr. Politian, Atm²   μίξαc Ψ   50 φορβαίων suspectum (Mein.); nomen
propr. exspectandum   52 μ' οὐκ Ψ: corr. E (emendaverat Arnaldus)   53 fort. πολιᾶχον
Mein.   55 cὺ Ψ, cf. fr. 228 (Arsin.), 5. 17 cù (non τὺ). 45 cέο   fort. μέcτα Pf., cf.
hy. vi 111

V. IN LAVACRUM PALLADIS

παῖδες, Ἀθαναία νύμφαν μίαν ἔν ποκα Θήβαις
πουλύ τι καὶ πέρι δὴ φίλατο τᾶν ἑταρᾶν,
ματέρα Τειρεςίαο, καὶ οὔποκα χωρὶς ἔγεντο·
60 ἀλλὰ καὶ ἀρχαίων εὖτ' ἐπὶ Θεςπιέων
  —⏑⏑—⏑⏑— ἢ εἰς Ἁλίαρτον ἐλαύνοι
ἵππως, Βοιωτῶν ἔργα διερχομένα,
ἢ 'πὶ Κορωνείας, ἵνα οἱ τεθυωμένον ἄλςος
καὶ βωμοὶ ποταμῷ κεῖντ' ἐπὶ Κουραλίῳ,
65 πολλάκις ἁ δαίμων νιν ἑῶ ἐπεβάςατο δίφρῳ,
οὐδ' ὅαροι νυμφᾶν οὐδὲ χοροςταςίαι
ἁδεῖαι τελέθεςκον, ὅκ' οὐχ ἁγεῖτο Χαρικλώ·
ἀλλ' ἔτι καὶ τήναν δάκρυα πόλλ' ἔμενε,
καίπερ Ἀθαναίᾳ καταθύμιον ἔςςαν ἑταίραν.
70 δή ποκα γὰρ πέπλων λυςαμένα περόνας
ἵππω ἐπὶ κράνᾳ Ἑλικωνίδι καλὰ ῥεοίςᾳ
λῶντο· μεςαμβρινὰ δ' εἶχ' ὄρος ἁςυχία.
ἀμφότεραι λώοντο, μεςαμβριναὶ δ' ἔςαν ὦραι,
πολλὰ δ' ἁςυχία τῆνο κατεῖχεν ὄρος.
75 Τειρεςίας δ' ἔτι μῶνος ἁμᾶ κυςὶν ἄρτι γένεια
περκάζων ἱερὸν χῶρον ἀνεςτρέφετο·
διψάςας δ' ἄφατόν τι ποτὶ ῥόον ἤλυθε κράνας,
ςχέτλιος· οὐκ ἐθέλων δ' εἶδε τὰ μὴ θεμιτά.
τὸν δὲ χολωςαμένα περ ὅμως προςέφαςεν Ἀθάνα·
80 'τίς ςε, τὸν ὀφθαλμὼς οὐκέτ' ἀποιςόμενον,
ὦ Εὐηρείδα, χαλεπὰν ὁδὸν ἄγαγε δαίμων;'
ἁ μὲν ἔφα, παιδὸς δ' ὄμματα νὺξ ἔλαβεν.
ἑςτάκη δ' ἄφθογγος, ἐκόλλαςαν γὰρ ἀνῖαι
γώνατα καὶ φωνὰν ἔςχεν ἀμαχανία.
85 ἁ νύμφα δ' ἐβόαςε· 'τί μοι τὸν κῶρον ἔρεξας

---

75 sqq. Eust. p. 1665, 45 Καλλίμαχος λέγει τὸν Τειρεςίαν ἰδόντα γυμνὴν λουομένην τὴν Ἄρτεμιν (sic) περί που τὴν Βοιωτίαν πηρωθῆναι 83 sq. Schol. BT X 452/3 νέρθε δὲ γοῦνα πήγνυται] Καλλίμαχος· 'ἐκόλληςαν γὰρ (γάρ μοι B) ἀνῖαι γούνατα (γόνατα T)'

58 ἑταιρᾶν Ψ (?): corr. eΠζ Politian. (ἑτερᾶν La δ) 61 sq. om. ζ, inter 63 et 64 spatio duorum vv. relicto: Politian.¹ om. 61 sq. nullo spatio relicto: 61/2 post 63/4 collocavit Ernesti 61 init. ἢ 'πὶ Κορωνείας (Ψ = 63 init.) recte sustulit Wil. (caesura post tertium trochaeum necessaria, quia altera caesura non sequitur; hiatus ἢ εἰς (—⏑) minime verisimilis est in carm. elegiaco, v. Addenda; haec epanaphora vix tolerari potest 62 ἵππους Ψ: -ως Ernesti 64 κουραλίῳ Ψ, cf. Strab. IX 412 ποταμοῦ ... Κουαρίου (nominis forma epichorica?): Κωραλίῳ coni. Schn. (cf. Alc. fr. 86 L. Κωραλίῳ ποτάμω) 65 μιν Ψ: νιν Mein 67 ὅθ' Ψ: ὅτ' BC: ὅκ' Wil. 70 ποτε Ψ: corr. Mein. λυςςαμένα Ψ: corr. a 75 μοῦνος Ψ: corr. Ernesti ἅμαι vel ἄμαι codd.: ἁμᾶ Brunck 78 θεμιτὰ aE: θεμιτ e: om. δζ: θέμιδεςγ Politian. (add. in lacuna S², prob. e Politiano) 81 χαλεπὴν Ψ: -ὰν Ernesti 82 ἔβαλεν Ψ: corr. anonym. in marg. Aldinae ap. Ernesti (ἔλαβε scripserat I, deinde correxit in ἔβαλε) 83 ἑςτάθη Ψ (ἐςτ- αS): corr. Buttmann 84 ἀμηχανία Ψ: -μαχ- Blomfield 85 ἐβόηςε Ψ: corr. Politian.

V. IN LAVACRUM PALLADIS

πότνια; τοιαῦται, δαίμονες, ἐcτὲ φίλαι;
ὄμματά μοι τῶ παιδὸc ἀφείλεο. τέκνον ἄλαcτε,
εἶδεc Ἀθαναίαc cτήθεα καὶ λαγόναc,
ἀλλ' οὐκ ἀέλιον πάλιν ὄψεαι. ὦ ἐμὲ δειλάν,
90 ὦ ὄροc, ὦ Ἑλικὼν οὐκέτι μοι παριτέ,
ἦ μεγάλ' ἀντ' ὀλίγων ἐπράξαο· δόρκαc ὀλέccαc
καὶ πρόκαc οὐ πολλὰc φάεα παιδὸc ἔχειc.'
ἁ μὲν ⟨ἄμ'⟩ ἀμφοτέραιcι φίλον περὶ παῖδα λαβοῖcα
μάτηρ μὲν γοερᾶν οἶτον ἀηδονίδων
95 ἆγε βαρὺ κλαίοιcα, θεὰ δ' ἐλέηcεν ἑταίραν.
καί νιν Ἀθαναία πρὸc τόδ' ἔλεξεν ἔποc·
'δῖα γύναι, μετὰ πάντα βαλεῦ πάλιν ὄccα δι' ὀργάν
εἶπαc· ἐγὼ δ' οὔ τοι τέκνον ἔθηκ' ἀλαόν.
οὐ γὰρ Ἀθαναίᾳ γλυκερὸν πέλει ὄμματα παίδων
100 ἁρπάζειν· Κρόνιοι δ' ὧδε λέγοντι νόμοι·
ὅc κε τιν' ἀθανάτων, ὅκα μὴ θεὸc αὐτὸc ἕληται,
ἀθρήcῃ, μιcθῶ τοῦτον ἰδεῖν μεγάλω.
δῖα γύναι, τὸ μὲν οὐ παλινάγρετον αὖθι γένοιτο
ἔργον, ἐπεὶ Μοιρᾶν ὧδ' ἐπένηcε λίνα,
105 ἁνίκα τὸ πρᾶτόν νιν ἐγείναο· νῦν δὲ κομίζευ,
ὦ Εὐηρείδα, τέλθοc ὀφειλόμενον.
πόccα μὲν ἁ Καδμηὶc ἐc ὕcτερον ἔμπυρα καυcεῖ,
πόccα δ' Ἀριcταῖοc, τὸν μόνον εὐχόμενοι
παῖδα, τὸν ἀβατὰν Ἀκταίονα, τυφλὸν ἰδέcθαι.
110 καὶ τῆνοc μεγάλαc cύνδρομοc Ἀρτέμιδοc
ἔccεται· ἀλλ' οὐκ αὐτὸν ὅ τε δρόμοc αἵ τ' ἐν ὄρεccι
ῥυcεῦνται ξυναὶ τᾶμοc ἐκβολίαι,
ὁππόταν οὐκ ἐθέλων περ ἴδῃ χαρίεντα λοετρά
δαίμονοc· ἀλλ' αὐταὶ τὸν πρὶν ἄνακτα κύνεc

---

87 cf. Suid. v. ἄλαcτε· ἀνεπίληcτε. 'τέκνον ἐμὸν ἄλαcτον'; inde Zonar. p. 116 Tittm. et Zonar. Par. ap. Cramer, AP IV 106, 30; ἄλαcτεc, non ἄλαcτε, omnes codd. (Suidae glossa non e Scholiis ad h.l., sed e Scholiis D X 261 plenioribus, ubi Callimachi locus corruptus erat)   106 Hesych. v. 'τέλθοc'· v. ad Schol.

87 τοῦ Ψ: τῶ Ernesti   ἀφείλετο Ψ: corr. E in marg.   93 ἁ μὲν ἀμφοτέραιcι Ψ: ἄμ' suppl. Schn., duplicem particulam μὲν defendit I. Kapp, Philol. 84, 1929, p. 173 coll. Ap.Rh. 1 1226 sqq. (v. etiam Denniston, Greek particles, p. 384)   λαβοῦcα Ψ: corr. Politian.   94 γοερῶν Ψ: -ᾶν anonym. in marg. Aldinae ap. Ernesti   95 κλαίουcα Ψ: corr. Ernesti   96 μιν Ψ: νιν Mein.   104 ἐπένευcε Ψ: corr. Bentl.   105 ἡνίκα Ψ: ἀν- La   πρῶτον Ψ: πρᾶτον Brunck   κομίζου Ψ: -ζευ La   107 πόccα a La: πάccα β (πᾶcα E) δ (πᾶccα Q): ὄccα Π, Politian., sscr. m² in S: om. ζ   καυcει Ψ: καυcεῖ Ernesti   108 πόccα ay: πολλὰ β: πάccα Q: ὄccα Politian., add. m² in S (omiserat m¹): om. ζ   109 ἀκταίωνα Ψ: corr. La η   111 ἔccεται Ψ: ἐccεῖτ' coni. Wil., sed ἔccεται Theocr. 1 103. IV 41. V 25   112 ἐκηβολίαc Ψ: ἐκαβ- La   113 ὁππόταν οὐκ Ψ, prob. recte, cf. [Theocr.] XXIII 36: ὁππόκ' ἄρ' Mein., ὁππόκα κοὐκ Wil.

V. IN LAVACRUM PALLADIS

115 τουτάκι δειπνηcεῦντι· τὰ δ' υἱέος ὀcτέα μάτηρ
λεξεῖται δρυμὼc πάντας ἐπερχομένα·
ὀλβίcταν δ' ἐρέει cε καὶ εὐαίωνα γενέcθαι
ἐξ ὀρέων ἀλαὸν παῖδ' ὑποδεξαμέναν.
ὦ ἑτάρα, τῷ μή τι μινύρεο· τῷδε γὰρ ἄλλα
120 τεῦ χάριν ἐξ ἐμέθεν πολλὰ μενεῦντι γέρα,
μάντιν ἐπεὶ θηcῶ νιν ἀοίδιμον ἐccομένοιcιν,
ἦ μέγα τῶν ἄλλων δή τι περιccότερον.
γνωcεῖται δ' ὄρνιχαc, ὃc αἴcιοc οἵ τε πέτονται
ἤλιθα καὶ ποίων οὐκ ἀγαθαὶ πτέρυγεc.
125 πολλὰ δὲ Βοιωτοῖcι θεοπρόπα, πολλὰ δὲ Κάδμῳ
χρηcεῖ, καὶ μεγάλοιc ὕcτερα Λαβδακίδαιc.
δωcῶ καὶ μέγα βάκτρον, ὅ οἱ πόδαc ἐc δέον ἀξεῖ,
δωcῶ καὶ βιότω τέρμα πολυχρόνιον,
καὶ μόνοc, εὖτε θάνῃ, πεπνυμένοc ἐν νεκύεccι
130 φοιταcεῖ, μεγάλῳ τίμιοc Ἀγεcίλᾳ.'
ὣc φαμένα κατένευcε· τὸ δ' ἐντελέc, ᾧ κ' ἐπινεύcῃ
Παλλάc, ἐπεὶ μώνᾳ Ζεὺc τόγε θυγατέρων
δῶκεν Ἀθαναίᾳ πατρώια πάντα φέρεcθαι.
λωτροχόοι, μάτηρ δ' οὔτιc ἔτικτε θεάν,
135 ἀλλὰ Διὸc κορυφά. κορυφὰ Διὸc οὐκ ἐπινεύει
ψεύδεα   αἱ θυγάτηρ.

ἔρχετ' Ἀθαναία νῦν ἀτρεκέc· ἀλλὰ δέχεcθε
τὰν θεόν, ὦ κῶραι, τὦργον ὅcαιc μέλεται,
cύν τ' εὐαγορίᾳ cύν τ' εὔγμαcι cύν τ' ὀλολυγαῖc.
140 χαῖρε, θεά, κάδευ δ' Ἄργεοc Ἰναχίω.
χαῖρε καὶ ἐξελάοιcα, καὶ ἐc πάλιν αὖτιc ἐλάccαιc
ἵππωc, καὶ Δαναῶν κλᾶρον ἅπαντα cάω.

---

130 Et.M. p. 8, 32 v. Ἀγεcίλαοc· (deest in Et.gen. B, de A non constat) ἐπώνυμον τοῦ Ἅιδου. Καλλίμαχοc· 'φοιταcεί (sic D, φοιτῶcι cett. codd.) μεγάλῳ Ἀγεcιλάῳ'. εἴρηται δὲ παρὰ τὸ ἄγειν τοὺc λαούc. ἄρχει γὰρ τῶν θανόντων. οὕτω Μεθόδιοc (de Methodio v. ad fr. 274). 139 Hesych. v. 'εὐηγορία'· καλολογία (κακο- cod.), καλορρημοcύνη

117 ὀλβίcταν ἐρέει Ψ: δ' ἐρέει Ε (coniecerat Bergk)   118 ἀποδεξαμέναν coni. Mein.
123 ὄρνιθαc Ψ: -ιχαc Ernesti   127 ἄξει Ψ: corr. La   128 δωcῶ καὶ βιότου (δὲ β. Politian. Η, δὲ βοιωτοῦ Π) τέρμα πολυχρόνιον ay Politian.: δωcῶ—τέρμα om. βδζ spatio relicto, sed δωcῶ καὶ βιότω τέρμα add. m² in QS (δὲ supra καὶ scr. Q, καὶ ex δὲ corr. S)   βιότω Ernesti 129 lacuna trium litt. inter εὖ et θάνῃ ζ (εὖ δὲ θ. e)   130 φοιταcεί Ψ: -αcεί Politian. 131 ὣc φαμένα om. δ spatio relicto (φαμένα add. m² in QS), φαμένα om. ζ   ᾧ κ' ἐπινεύcῃ Ψ: ᾧ κ' ἔπι ν. divisit Wil.: ὅττι κε νεύcῃ coni. Kaibel, at v. ἐπινεύειν c. dat. rei P.Giss. I 41, col. II 9 c. adn.   136 init. ψεύδεα α, ψεν β; fin. αἱ θυγάτηρ α (ἁ θ. F), om. β, θυγάτηρ γ Politian.   totum versum om. spatio relicto δζ (θυγάτηρ add. m² in QS)   137 ἔρχεται ἀθαναία Ψ: corr. Politian.   138 τὦργον Ψ: corr. Boissonade   139 ὀλολυγαῖc om. δ (γαιc post spatium relictum add. Q², ὀλολυγαῖc add. S²): τ' ὀλολυγαῖc om. ζ   140 Ἰναχίου Ψ: -χίω Ernesti   142 ἵππουc Ψ: -ωc Brunck

VI. IN CEREREM

VI

ΕΙΣ ΔΗΜΗΤΡΑ

Τῶ καλάθω κατιόντος ἐπιφθέγξασθε, γυναῖκες·
' Δάματερ, μέγα χαῖρε, πολυτρόφε πουλυμέδιμνε.'
τὸν κάλαθον κατιόντα χαμαὶ θασεῖσθε, βέβαλοι,
μηδ' ἀπὸ τῶ τέγεος μηδ' ὑψόθεν αὐγάσσησθε
5 μὴ παῖς μηδὲ γυνὰ μηδ' ἃ κατεχεύατο χαίταν,
μηδ' ὅκ' ἀφ' αὐαλέων στομάτων πτύωμες ἄπαστοι.
Ἕσπερος ἐκ νεφέων ἐσκέψατο (πανίκα νεῖται;),
Ἕσπερος, ὅς τε πιεῖν Δαμάτερα μῶνος ἔπεισεν,
ἁρπαγίμας ὅκ' ἄπυστα μετέστιχεν ἴχνια κώρας.
10 πότνια, πῶς σε δύναντο πόδες φέρεν ἔστ' ἐπὶ δυθμάς,
ἔστ' ἐπὶ τὼς μέλανας καὶ ὅπα τὰ χρύσεα μᾶλα;
οὐ πίες οὔτ' ἄρ' ἔδες τῆνον χρόνον οὐδὲ λοέσσα.
τρὶς μὲν δὴ διέβας Ἀχελώϊον ἀργυροδίναν,
τοσσάκι δ' ἀενάων ποταμῶν ἐπέρασας ἕκαστον,
15 τρὶς δ' ἐπὶ Καλλιχόρῳ χαμάδις ἐκαθίσσαο φρητί
αὐσταλέα ἄποτός τε καὶ οὐ φάγες οὐδὲ λοέσσα.
μὴ μὴ ταῦτα λέγωμες ἃ δάκρυον ἄγαγε Δηοῖ·
κάλλιον, ὡς πολίεσσιν ἑαδότα τέθμια δῶκε·
κάλλιον, ὡς καλάμαν τε καὶ ἱερὰ δράγματα πρᾶτα
20 ἀσταχύων ἀπέκοψε καὶ ἐν βόας ἧκε πατῆσαι,

---

1 Eust. p. 1488, 60 Δημητριακοῦ καρποῦ συγκομιστὴς ὁ κάλαθος, ὡς καὶ ὁ παρὰ Καλλιμάχῳ δηλοῖ 3 Schol. (Arethae) Plat. Symp. 218 B p. 448 Greene οἱ δὲ οἰκέται, καὶ εἴ τις ἄλλος βέβηλός τε καὶ ἄγροικος, πύλας πάνυ μεγάλας τοῖς ὠςὶν ἐπίθεσθε] ἐντεῦθεν παρῴδησε Καλλίμαχος ἐν ὕμνῳ Δήμητρος καλάθου τὸ 'θύρας ἐπίθεσθε βέβηλοι' (cf. Orph. fr. 13 et 245 Kern) 3 sq. Eliae (olim Davidis) in Aristot. categor. comment. (Commentar. in Aristot. Graec. XVIII 1 ed. Busse) p. 125, 7 τὸ Καλλιμάχειον ἐκεῖνο· 'τὸν κάλαθον κ. χ. δέρκεσθε γυναῖκες / μηδ' ἀπὸ—αὐγάσασθε (sic)'

Titulus: εἰς δήμητρα aLa: -τραν Ψ, cf. [Hom.] hy. II et XIII; in test. ad v. 3 Δήμητρος κάλαθος 2 πολύτροφε Ψ: πολυτρόφε Dindorf in Th.L.Gr. s.v. πολυμέδιμνε Ψ: corr. La η, cf. v. 119 4 τοῦ Ψ: corr. Ernesti 7 om. ζ nullo spatio relicto πανίκα νεῖται; parenthesios signis inclusit Schn. 9 ὅτ' Ψ: corr. Ernesti 10 πόδα τέρεν Π (non iam legi poterat in Ψ?: πόδες om. δ spatio relicto (σε ἐς add. S² in lacuna): πόδες—δυθμάς om. ζ 11 τοὺς Ψ: corr. Ernesti τὰ om. β (spatium relictum in e) η: ὅπα δὲ δ: πα—μᾶλα om. ζ 12 λοέσσω Ψ (λόεσσας Π): λοέσσα Wil., cf. v. 16: nihil nisi λοε ζ 13 διέβης a: διεύεν(εν) Π: διέβαινεν La: om. β spatio relicto, δ (S² in fine versus add. ἤνθες): nihil nisi δι omisso reliquo versu ζ: διέβας Mein. ἀργυροδίνην Ψ: -αν Ernesti 15 ita a, ubi καλλιχόροιο: Καλλιχόρῳ H. Stephanus (1577): τρὶς δ' ἐπὶ καλλίχορον nec plura β: τρὶς δ' ἐπὶ καλλι γζ: τρὶς δ' ἐπὶ δ (καλλίχορον add. Q²) 16 λοέσσα eΠδζ: λοέσσω aELa, cf. v. 12 17 ἤγαγε Ψ: ἀγ- Ernesti δηοῖ aLa: δη β: διῆ Π: δηοῦς δ: nihil nisi δ ζ 18 ἑαδότα (ἑανδότα a) τέθμια δῶκε aβ: post πολίεσσιν nihil nisi ἑαδό La: ἐ Π: ἑα ζ: deficit δ (sed ἑα add. Q²) 19 καλάμην Ψ: -αν Brunck πρᾶτα Ψ (πρῶτα a): corr. Bentl. 20 καὶ ἐν βόας om. Π spatio relicto: ἐν βόας om. δ spatio relicto (ἐν κόας [sic] add. Q², αὕτη add. S¹)

VI. IN CERERM

ἁνίκα Τριπτόλεμος ἀγαθὰν ἐδιδάσκετο τέχναν·
κάλλιον, ὡς (ἵνα καί τις ὑπερβασίας ἀλέηται)
π   ἰδέσθαι
οὔπω τὰν Κνιδίαν, ἔτι Δώτιον ἱρὸν ἔναιον,
25 †τὶν δ' αὐτᾷ† καλὸν ἄλσος ἐποιήσαντο Πελασγοί
δένδρεσιν ἀμφιλαφές· διά κεν μόλις ἤνθεν ὀϊστός·
ἐν πίτυς, ἐν μεγάλαι πτελέαι ἔσαν, ἐν δὲ καὶ ὄχναι,
ἐν δὲ καλὰ γλυκύμαλα· τὸ δ' ὥστ' ἀλέκτρινον ὕδωρ
ἐξ ἀμαρᾶν ἀνέθυε. θεὰ δ' ἐπεμαίνετο χώρῳ
30 ὅσσον Ἐλευσῖνι, Τριόπᾳ θ' ὅσον ὁκκόσον Ἔννᾳ.
ἀλλ' ὅκα Τριοπίδαισιν ὁ δεξιὸς ἄχθετο δαίμων,
τουτάκις ἁ χείρων Ἐρυσίχθονος ἅψατο βωλά·
σεύατ' ἔχων θεράποντας ἐείκοσι, πάντας ἐν ἀκμᾷ,
πάντας δ' ἀνδρογίγαντας ὅλαν πόλιν ἀρκίος ἆραι,
35 ἀμφότερον πελέκεσσι καὶ ἀξίναισιν ὁπλίσσας,
ἐς δὲ τὸ τᾶς Δάματρος ἀναιδέες ἔδραμον ἄλσος.
ἧς δέ τις αἴγειρος, μέγα δένδρεον αἰθέρι κῦρον,
τῷ ἔπι ταὶ νύμφαι ποτὶ τὦνδιον ἐψιόωντο·
ἃ πράτα πλαγεῖσα κακὸν μέλος ἴαχεν ἄλλαις.
40 ᾄσθετο Δαμάτηρ, ὅτι οἱ ξύλον ἱερὸν ἄλγει,
εἶπε δὲ χωσαμένα· 'τίς μοι καλὰ δένδρεα κόπτει;'
αὐτίκα Νικίππᾳ, τάν οἱ πόλις ἀράτειραν
δαμοσίαν ἔστασαν, ἐείσατο, γέντο δὲ χειρί
στέμματα καὶ μάκωνα, κατωμαδίαν δ' ἔχε κλᾷδα.
45 φᾶ δὲ παραψύχοισα κακὸν καὶ ἀναιδέα φῶτα·
'τέκνον, ὅτις τὰ θεοῖσιν ἀνειμένα δένδρεα κόπτεις,

---

24 Steph.Byz. v. Δώτιον (e cod. Segueriano)· πόλις (immo πεδίον Mein.) Θεσσαλίας, ὅπου μετῴκησαν οἱ Κνίδιοι, ὧν ἡ χώρα Κνιδία. Καλλίμαχος ἐν τοῖς Ὕμνοις· 'οὔπω—ἔναιον'   26 Et.gen. AB v. 'ἀμφιλαφές'· (Reitzenst., Etymol. p. 36, 7) τὸ δασύ· ἀμφιλαφές τι ὂν κτλ. (prob. Methodius); Hesych. v. 'ἀμφιλαφές'· . . . κατάσκιον   38 Hesych. v. 'ἐψιόωντο'· v. ad Schol.   43 Hesych. v. 'ἐείσατο' v. ad Schol.

21 ἐδιδάσκε δ spatio complurium litt. relicto (το add. S²): ἐδιδ ζ reliquis omissis (ἀνίκα—ἐδιδάξατο [sic] τέχναν add. B in marg.)   22 ὑπερβασίας ἀλέηται αβ, Schol. eQ: ἀλέηται om. γ: σίας ἀλέηται om. ζ: ὑπερβασίας ἀλέηται om. δ (ὑπερ add. m² in Q, ubi ἵνα—ἀλέηται Schol.)   23 init. π habent ζ et Q²: om. cett.   fin. ἰδέσθαι γ (LaΠ) et m. rec. in I   totum versum om. cett. spatio unius v. (duorum vv. E) relicto   π[αῖδα κακὸν Τριόπα σκιοειδέα θῆκεν] ἰδέσθαι e.g. suppl. Wil., Hell.Dicht. II 30, 1   25 τὶν δ' Ψ: τῇ δ' coni. Wil. (τεὶνδ' Hecker: τεῖδ' Schn.)   30 τριόπαι θ' Ψ (τριόπαι δ' BC soli); Ἔννα nomen nymphae   32–7 et 41–3 = P.Oxy. 2226, col. I   34 ἄρκιος Ψ (ἄρκιοι La): corr. Reiske; hoc uno loco forma brevis acc. plur. et forma 'contracta' ἆραι ap. Call.; totus versus suspectus   37 ἦν Ψ (ἐς Π e v. 36): ἧς La   38 τῷ δ' Ψ (τῷ δ' eLa): δ' del. Schn.   ἐπὶ Ψ: ἔπι ELa   40 ἤσθετο Ψ: ᾄσθ- Mein.   ἀλγεῖ Ψ: ἄλγει proposuit Mein.   41 χωσαμένη Ψ: -να La   42 νικίππῃ Ψ: -ππᾳ Ernesti   ἀρήτειραν Ψ: ἀρά- Schn.   43 δημοσίαν Ψ: δαμ- La   44 κατωμαδίην Ψ: -ίαν La   46 ὅστις αβδ: ὅτις γζη

VI. IN CERERUM

τέκνον ἐλίνυσον, τέκνον πολύθεστε τοκεῦσι,
παύεο καὶ θεράποντας ἀπότρεπε, μή τι χαλεφθῇ
πότνια Δαμάτηρ, τὰς ἱερὸν ἐκκεραΐζεις.'
50 τὰν δ' ἄρ' ὑποβλέψας χαλεπώτερον ἠὲ κυναγόν
ὤρεσιν ἐν Τμαρίοισιν ὑποβλέπει ἄνδρα λέαινα
ὠμοτόκος, τὰς φαντὶ πέλειν βλοσυρώτατον ὄμμα,
'χάζευ', ἔφα, 'μή τοι πέλεκυν μέγαν ἐν χροῒ πάξω.
ταῦτα δ' ἐμὸν θησεῖ στεγανὸν δόμον, ᾧ ἔνι δαῖτας
55 αἰὲν ἐμοῖς ἑτάροισιν ἄδην θυμαρέας ἀξῶ.'
εἶπεν ὁ παῖς, Νέμεσις δὲ κακὰν ἐγράψατο φωνάν.
Δαμάτηρ δ' ἄφατόν τι κοτέσσατο, γείνατο δ' ἁ θεύς·
ἴθματα μὲν χέρσω, κεφαλὰ δέ οἱ ἅψατ' Ὀλύμπω.
οἱ μὲν ἄρ' ἡμιθνῆτες, ἐπεὶ τὰν πότνιαν εἶδον,
60 ἐξαπίνας ἀπόρουσαν ἐνὶ δρυσὶ χαλκὸν ἀφέντες.
ἁ δ' ἄλλως μὲν ἔασεν, ἀναγκαίᾳ γὰρ ἕποντο
δεσποτικὰν ὑπὸ χεῖρα, βαρὺν δ' ἀπαμείψατ' ἄνακτα·
'ναὶ ναί, τεύχεο δῶμα, κύον κύον, ᾧ ἔνι δαῖτας
ποιησεῖς· θαμιναὶ γὰρ ἐς ὕστερον εἰλαπίναι τοι.'
65 ἁ μὲν τόσσ' εἰποῖσ' Ἐρυσίχθονι τεῦχε πονηρά.
αὐτίκα οἱ χαλεπόν τε καὶ ἄγριον ἔμβαλε λιμόν
αἴθωνα κρατερόν, μεγάλᾳ δ' ἐστρεύγετο νούσῳ.
σχέτλιος, ὅσσα πάσαιτο τόσων ἔχεν ἵμερος αὖτις.
εἴκατι δαῖτα πένοντο, δυώδεκα δ' οἶνον ἄφυσσον.
70 καὶ γὰρ τᾷ Δάματρι συνωργίσθη Διόνυσος·
τόσσα Διώνυσον γὰρ ἃ καὶ Δάματρα χαλέπτει.
οὔτε νιν εἰς ἐράνως οὔτε ξυνδείπνια πέμπον
αἰδόμενοι γονέες, προχάνα δ' εὑρίσκετο πᾶσα.
ἦνθον Ἰτωνιάδος νιν Ἀθαναίας ἐπ' ἄεθλα
75 Ὀρμενίδαι καλέοντες· ἀπ' ὧν ἀρνήσατο μάτηρ·
'οὐκ ἔνδοι, χθιζὸς γὰρ ἐπὶ Κραννῶνα βέβακε
τέλθος ἀπαιτησῶν ἑκατὸν βόας.' ἦνθε Πολυξώ,
μάτηρ Ἀκτορίωνος, ἐπεὶ γάμον ἄρτυε παιδί,

---

61 Hesych. v. 'ἀναγκαίᾳ' (-αία cod.)· ἐξ ἀνάγκης   66 sq. Et.M. p. 33, 18 v. αἴθων· ...
καὶ 'λιμὸν αἴθωνα', τὸν μέγαν, ἢ ἑαυτὸν φονεύοντα (deesse videtur in Et.gen.); cf. Suid. v.
αἴθων

54–63 = P.Oxy. 2226, col. II   54 δαίτας Ψ: δαῖτας La, cf. v. 63   55 ἀξω Ψ:
ἀξῶ La   60 ἐξαπίνης Ψ: -νας La   61 ἄλλους Ψ: -ως Ernesti   63 δαίτας Ψ:
δαίτας FE, cf. v. 54   67 μεγάλῃ Ψ: -λᾳ Ernesti   70 et 71 ordinem mutaverunt
Reiske, Mein., al.   70 συνωργίσθη legisse videtur Nonn. 11, 213 ἀχνυμένου Βρομίοιο
συνάχνυται ὄμπνια Δηώ   72 μιν Ψ: νιν Mein.   73 προχανά Ψ, at v. fr. 72   74
μιν Ψ: νιν Mein.   75 οὖν ἠρνήσατο Ψ: ὧν Ernesti, ἀρνήσατο Schn.   76 βέβηκε
Ψ: corr. Brunck   77 ἀπαιτήσων Ψ: -τησῶν Schn.

VI. IN CERERUM

ἀμφότερον Τριόπαν τε καὶ υἱέα κικλήςκοιςα.
80 τὰν δὲ γυνὰ βαρύθυμος ἀμείβετο δακρύοιςα·
'νεῖταί τοι Τριόπας, Ἐρυςίχθονα δ' ἤλαςε κάπρος
Πίνδον ἀν' εὐάγκειαν, ὁ δ' ἐννέα φάεα κεῖται.'
δειλαία φιλότεκνε, τί δ' οὐκ ἐψεύςαο, μᾶτερ;
δαίνυεν εἰλαπίναν τις· 'ἐν ἀλλοτρίᾳ Ἐρυςίχθων.'
85 ἄγετό τις νύμφαν· ' Ἐρυςίχθονα δίςκος ἔτυψεν ',
ἢ 'ἔπες' ἐξ ἵππων', ἢ 'ἐν Ὄθρυϊ ποίμνι' ἀμιθρεῖ.'
ἐνδόμυχος δἤπειτα πανάμερος εἰλαπιναςτὰς
ἤςθιε μυρία πάντα· κακὰ δ' ἐξάλλετο γαςτήρ
αἰεὶ μᾶλλον ἔδοντι, τὰ δ' ἐς βυθὸν οἷα θαλάςςας
90 ἀλεμάτως ἀχάριςτα κατέρρεεν εἴδατα πάντα.
ὡς δὲ Μίμαντι χιών, ὡς ἀελίῳ ἔνι πλαγγών,
καὶ τούτων ἔτι μέζον ἐτάκετο, μέςτ' ἐπὶ νεύροις
δειλαίῳ ῥινός τε καὶ ὀςτέα μῶνον ἐλείφθη.
κλαῖε μὲν ἁ μάτηρ, βαρὺ δ' ἔςτενον αἱ δύ' ἀδελφαί
95 χὠ μαςτὸς τὸν ἔπωνε καὶ αἱ δέκα πολλάκι δῶλαι.
καὶ δ' αὐτὸς Τριόπας πολιαῖς ἐπὶ χεῖρας ἔβαλλε,
τοῖα τὸν οὐκ ἀίοντα Ποτειδάωνα καλιςτρέων·
'ψευδοπάτωρ, ἴδε τόνδε τεοῦ τρίτον, εἴπερ ἐγὼ μὲν
ςεῦ τε καὶ Αἰολίδος Κανάκας γένος, αὐτὰρ ἐμεῖο
100 τοῦτο τὸ δείλαιον γένετο βρέφος· αἴθε γὰρ αὐτὸν
βλητὸν ὑπ' Ἀπόλλωνος ἐμαὶ χέρες ἐκτερέιξαν·
νῦν δὲ κακὰ βούβρωςτις ἐν ὀφθαλμοῖςι κάθηται.
ἢ οἱ ἀπόςταςον χαλεπὰν νόςον ἠέ νιν αὐτός
βόςκε λαβών· ἀμαὶ γὰρ ἀπειρήκαντι τράπεζαι.
105 χῆραι μὲν μάνδραι, κενεαὶ δέ μοι αὔλιες ἤδη
τετραπόδων· οὐδὲν γὰρ ἀπαρνήςαντο μάγειροι.

---

91 Hesych. v. 'πλαγγών'· v. ad Schol. 105 Hesych. v. 'μάνδραι'· ἕρκη, φραγμοί, αὐλαί (δλαι cod.), ςηκοὶ βοῶν καὶ ἵππων

79–104 = P.Oxy. 2226, col. III 79 ἀμφοτέρως coni. Maas κικλήςκουςα Ψ: -οιςα Ernesti 80 δακ]ρυοιςα P.Oxy.: δακρυχεοῦςα Ψ (-οιςα Ernesti) 81 νηται[ι P.Oxy. (cf. λ 114 νεῖαι, v.l. νῆαι) 83 δηλα[ια P.Oxy. 84]αλλοτ[ρι]αιερυςιχθων P.Oxy.: ἐν ἀλλοτρίοις Ψ (ἐπ' ἀλλοτρίης coniecerat Blomfield); cf. Ammon. de diff. adfin. vocab. p. 84 τὰ ἐν οἰκείᾳ . . . τὰ ἐν ἀλλοτρίᾳ 86]υπομνιαμιβρει P.Oxy.: in fine ἀμ β sscr. ἀριθμεῖ: ἀμι Πξ: ἀριθμεῖ La: om. δ (ἐβοςκεν suppl. S²): ἀμφλέγει a (ἀμιθρεῖ coniecerant Ruhnken et Valckenaer) 90 ε]ρρεονειδαταπολλα P.Oxy.: κατέρρεεν εἴδατα πάντα Ψ 92 μεζ[ον P.Oxy.: μείζον Ψ μεςτεπινευρ.ς P.Oxy.: ραις legi nequit, ραις vel potius ροις (L.): ἐτάκετο, μέςτ' ἐπὶ νεύροις . . . ῥινός . . . ἐλείφθη Pf. μεςφ' ἐπὶ νευράς Ψ 93]οιρινοςτεκαιο[. . . .]ωνονελειφθη[P.Oxy.: ἰνές τε καὶ ὀςτέα μοῦνον ἐλίφθεν Ψ (ῥινός τε coniecerat Valckenaer, μῶνον Ernesti, ἐλείφθεν η) 94 ἀδελφεαί Mein. 97 ποτ[ειδαωνα P.Oxy.: ποςειδάωνα Ψ 99 κανάκης Ψ: -ας Mein. 103 μιν Ψ: νιν Mein. 105–17 = P.Oxy. 2226, col. IV 106 τετραποδ[ω]νουδ[εν P.Oxy.: τετραπόδων· ἤδη Ψ (emendaverat Bergk) ἀπηρνήςαντο Ψ: ἀπαρν- Schn.

VI. IN CERERM

ἀλλὰ καὶ οὐρῆας μεγαλᾶν ὑπέλυσαν ἀμαξᾶν,
καὶ τὰν βῶν ἔφαγεν, τὰν Ἑστίᾳ ἔτρεφε μάτηρ,
καὶ τὸν ἀεθλοφόρον καὶ τὸν πολεμήιον ἵππον,
110 καὶ τὰν μάλουριν, τὰν ἔτρεμε θηρία μικκά.'
μέστα μὲν ἐν Τριόπαο δόμοις ἔτι χρήματα κεῖτο,
μῶνον ἄρ' οἰκεῖοι θάλαμοι κακὸν ἠπίσταντο.
ἀλλ' ὅκα τὸν βαθὺν οἶκον ἀνεξήραναν ὀδόντες,
καὶ τόχ' ὁ τῶ βασιλῆος ἐνὶ τριόδοισι καθῆστο
115 αἰτίζων ἀκόλως τε καὶ ἔκβολα λύματα δαιτός.
Δάματερ, μὴ τῆνος ἐμὶν φίλος, ὅς τοι ἀπεχθής,
εἴη μηδ' ὁμότοιχος· ἐμοὶ κακογείτονες ἐχθροί.

παρθενικαί, καὶ ἐπιφθέγξασθε, τεκοῖσαι·
'Δάματερ, μέγα χαῖρε, πολυτρόφε πουλυμέδιμνε.'
120 χὠς αἱ τὸν κάλαθον λευκότριχες ἵπποι ἄγοντι
τέσσαρες, ὣς ἁμὶν μεγάλα θεὸς εὐρυάνασσα
λευκὸν ἔαρ, λευκὸν δὲ θέρος καὶ χεῖμα φέροισα
ἡξεῖ καὶ φθινόπωρον, ἔτος δ' εἰς ἄλλο φυλαξεῖ.
ὡς δ' ἀπεδίλωτοι καὶ ἀνάμπυκες ἄστυ πατεῦμες,
125 ὣς πόδας, ὣς κεφαλὰς παναπηρέας ἕξομες αἰεί.
ὡς δ' αἱ λικνοφόροι χρυσῶ πλέα λίκνα φέροντι,
ὣς ἁμὲς τὸν χρυσὸν ἀφειδέα πασεύμεσθα.
μέστα τὰ τᾶς πόλιος πρυτανήια τὰς ἀτελέστως,
†τὰς δὲ τελεσφορίας† ποτὶ τὰν θεὸν ἄχρις ὁμαρτεῖν,

---

110 cf. Hesych. v. μάλουρις· λευκόκερκος (λευκόκερως cod.). καὶ ἥτις τὴν οὐρὰν (θύραν cod.) ἔχει λευκήν

107 μεγαλᾶν Ψ: -αλᾶν Ernesti   108 βῶν ἔφαγε Ψ: βουνεφαγ[P.Oxy.: ἔφαγεν SB
110 καιτ[.]ν]μαλουριντ[P.Oxy.: καὶ τὰν αἴλουρον Ψ   111 μεσταμενεντρι[P.Oxy.: μέσφ'
ὅτε μὲν Τριόπαο δόμοις ἐνί Ψ: μέσφα μὲν ὦν Τρ. δ. ἐ. coniecerat Maas (1921) ἔτι L.   112
μῶνον P.Oxy.: μῶνοι Ψ   113 αλλοκοτονβαθυνοι[P.Oxy.: ἀλλ' ὅτε ψ: ἀλλ' ὅκα
Schn. ἀνεξήραινον Ψ: corr. Ernesti   114 τοχο P.Oxy.: τότ' ὁ Ψ (θ sscr. Π,
τόθ' ηECBK): τόχ' coniecerat Brunck   115 ἀκόλους Ψ: -λως Ernesti   117 ὁμότοιχος
ἐμοί· Ψ: post ὁμότοιχος recte interpunxit La   118–37 om. P.Oxy. 2226; post 117
sequuntur 138 et 138 a   118 spatium ante παρθενικαί reliquerunt γδ: παρθενικαι versus
init. ζ, ubi καὶ quoque om. post παρθ.; lacuna in Ψ: ἄσατε (sic) suppl. α, δεῦρ' ἴτε β, εἴπατε La,
χαίρετε add. m² in S, ἄρχετε Wil.   τεκοῖσαι Ψ: -οῖσαι Brunck   119 δαμα om. ζ   πολύ-
τροφε Ψ, ut v. 2, sed h.l. recte πουλυμέδιμνε ζ   120 χ' ἁὶ ὤσαι (vel χ' ὤσαι) Ψ: divisit H.
Stephanus   121 ἁμὶν Ψ: ἁμῖνα Ψ   122 φέροισα δ: -οισα La   124–33 = P.Oxy.
ined., A fr. 9 recto (fr. 9 verso = Argumentum Hecalae, v. ad fr. 230)   126 ὡς αἱ Ψ:
δ' inseruit Mein.   φορέοντι δ: fort. φορεῦντι scribendum pro φέροντι   127 ἁμὲς Ψ
(ἄμμες I): ἀμὲς Mein.   πασσαίμεσθα Ψ (πασαίμεσθα Ernesti): πασεύμεσθα Mein. coll.
Schol. κτησόμεσθα, cf. nunc Schol. P.Oxy. ined. ἕξομεν ad h.l. (non ad 125)   128 μεσφ[
P.Oxy. μέσφα Ψ: μέστα Pf., ut vv. 92 et 111   129 τὰς δὲ τελεσφορίας Ψ: fort. τ]ᾶς[
P.Oxy., ubi supra litt. α vestigia accent. circumfl. et inter a et c m¹ litteram add., fort. ι
(L.): ταῖς δὲ τελεσφορίαις temptavit Pf. (cf. Schol. ἀκολουθῆσαι τῷ καλάθῳ): τὰς δὲ τελεσφορέας
coniecerant anon. Bernensis et Th. Bentley (receperunt Schn., Wil. al., at forma in -φορῆς
adhuc inaudita): τὰς δὲ τελεσσιφόρως coni. Mein.   θεῦν Ψ (cf. v. 57): θεὸν CB

VI. IN CEREREM

130 αἵτινες ἑξήκοντα κατώτεραι· αἱ δὲ βαρεῖαι,
χἄτις Ἐλειθυίᾳ τείνει χέρα χἄτις ἐν ἄλγει,
ὡς ἅλις, ὡς αὐταῖς ἰθαρὸν γόνυ· ταῖςι δὲ Δηώ
δωςεῖ πάντ' ἐπίμεςτα καὶ †ὡς ποτὶ ναὸν ἵκωνται.
χαῖρε, θεά, καὶ τάνδε ςάω πόλιν ἔν θ' ὁμονοίᾳ
135 ἔν τ' εὐηπελίᾳ, φέρε δ' ἀγρόθι νόςτιμα πάντα·
φέρβε βόας, φέρε μᾶλα, φέρε ςτάχυν, οἶςε θεριςμόν,
φέρβε καὶ εἰράναν, ἵν' ὃς ἄροςε τῆνος ἀμάςῃ.
ἵλαθί μοι, τρίλλιςτε, μέγα κρείοιςα θεάων.

---

135 Hesych. v. 'εὐηπελία'· εὐθηνία· εὐεξία; Et.gen. B v. εὐηπελία (teste Miller = Et.M. p. 394, 40 εὐηπέλεια; de A non constat)· ἡ εὐετηρία καὶ εὐθηνία· καὶ τὸ εὖ εἶναι, ὥς φηςι Καλλίμαχος· 'ἐν δ' (τ' Et.M.) εὐωπελείᾳ (sic)—πάντα'· εἴρηται δὲ παρὰ τὸ πέλειν ὠπέλης, καὶ ἐν ςυνθέςει εὐωπέλεια. καὶ τροπῇ εὐηπέλεια, ἐναντίον τῷ κακηπέλεια; cf. Et.gen. B v. εὐαπέλεια· εἰς τὸ εὐηπέλεια

130 κ]ατωτεραι· αιτ[P.Oxy.: αἵ τε Ψ: corr. Ernesti   131]ητινειχεραχατ[P.Oxy.: Ἐλειθυίᾳ τείνει Ψ   132 αὐτὰν (-τᾶν E) ἱκανὸν Ψ: αυτα]ιςἰθαρονγονυ· τ[P.Oxy. (ad ἰθαρόν cf. fr. 85, 15)   133 ὡς Ψ: αἷς Schol. legisse videntur: αἷ coni. Danielsson, Eranos IV 133   νηὸν Ψ: corr. Ernesti   134 ἐν δ' ὁμ. Ψ: τ supra δ' scr. E: ἔν τ' La: ἔν θ' ed. Vascos. (1549)   135 ἐν δ' εὐ. Et.gen.: ἔν τ' εὐ. Ψ Et.M.   137 post ἄρ lacuna fere trium litterarum in Ψ fuisse videtur: ἄρεις' ἐκεῖνος α (sed α . . . . κεῖνος H): ἄρ . . . . κεῖνος β: ἄρα.ς' ἐκεῖνος Π: ἄρς' ἐκεῖνος δ: ἄροςε κεῖνος La: ἄρος' ἐκεῖνος ζ: ἄροςε τῆνος Brunck   ἀμάςςει Ψ: ἀμάςῃ H. Stephanus   138 κρείουςα Ψ: -οιςα Ernesti   138 init. servatur in P.Oxy. 2226, col. IV, ubi vv. 118–37 omittuntur; infra 138 nullo neque interstitio neque signo marginali initium versus novi legitur: δω[μ]αςιδ[, suppl. L.; tum charta abscissa est.

Commentary to Hymns I and II

The text used is that of Rudolf Pfeiffer (Oxford, 1953), which prints the lunate sigma c throughout.

Abbreviations:

GP	J. D. Denniston, *Greek Particles* (Oxford, 1954²)
M	A. W. Mair, *Callimachus: Hymns and Epigrams* (London, 1955²)
McL	G. R. McLennan, *Callimachus: Hymn to Zeus* (London & Rome, 1977)
S	H. W. Smyth, *Greek Grammar*, revised by G. M. Messing (Cambridge, Mass. 1956)
W	F. Williams, *Callimachus: Hymn to Apollo* (Oxford, 1978)
Σ	Scholia
<	"is from"
sc.	scilicet ("supply")

Forms:

Callimachus' Hymns show a variety of epic forms. Those which occur with some frequency will be listed here, not in the commentary. (A second list, of Doric forms, will precede the commentary to Hymns V and VI.)

1. Unaugmented imperfect and aorist indicative: I 9 θάνες, 10 τέκεν, 16, 20, etc.
2. First and second decl. dat. pl in -σι(ν): I 1 σπονδῆσιν, 3, 6, 11, etc.
3. Second decl. gen. sing. in -οιο: I 16 τόκοιο, 41, 42, etc.
4. Personal pronouns and possessive adjectives:
   a) σεο or σεῖο for σοῦ: I 8 and 54; II 80, etc.
   b) μιν or νιν for αὐτόν, αὐτήν, αὐτό: I 4, 12, 13, etc.
   c) σφε for αὐτούς (I 80), σφισιν or σφιν for αὐτοῖς (I 84; II 87).
   d) τέος κτλ. for σός κτλ.: I 17, 29, 33, etc.
5. Various uncontracted forms (e.g., I 14 καλέουσι, 17 λοέσσαι, 35 Νυμφέων), and various metrically lengthened forms (e.g., I 6 οὔρεσι, 27 ποσσίν, 31 πουλύ).
6. Ionic eta for Attic alpha: I 7 Ἀρκαδίη, etc.

Hymn I: To Zeus

The Hymn to Zeus follows the customary form: 1) names and epithets (1–9), 2) birth (10–54), 3) achievements (55–90), and 4) prayer (91–96). In part 2, Callimachus pretends to be seriously concerned about the dispute over the place of Zeus' birth before coming out in favor of Arcadia against Crete. In part 3, Callimachus criticizes the traditional story that Zeus, Poseidon, and Hades drew lots for shares of the world: the brothers simply recognized Zeus' superiority. The hymn is in reality homage to one of the Ptolemies, probably Philadelphus.

1 Ζηνός: "to Zeus," objective gen. (S 1332) with σπονδῆσιν.
ἔοι = εἴη.
κεν = ἄν.

2 λώϊον: "better."
αἰέν: metrically convenient alternative of ἀεί.

3 Πηλαγόνων: "Pelagonians" = "Giants" (Σ) or possibly "Macedonians" with reference to their defeat by one of the Ptolemies.
ἐλατῆρα: "router."
δικασπόλον: "one who gives law, judge."
Οὐρανίδῃσι: "sons of Ouranos, gods."

4 πῶς καί: καί after an interrogative gives emphasis to the interrogative (GP 312); translate by means of stronger stress and/or higher pitch.

5 δοιῇ: "doubt, perplexity"; sc. ἐστί.
ἀμφήριστον: "disputed."

6 οὔρεσι: <τό ὄρος, "mountain"; Mt. Ida is in Crete.

8 Κρῆτες ἀεὶ ψεῦσται: A proverb attributed to Epimenides and quoted by St. Paul (*Titus* 1.12).
καὶ γάρ: "yes" or "and further" (GP 109).
ἄνα: <ἄναξ, "king, lord."

9 ἐτεκτήναντο: <τεκταίνομαι, "frame, devise, build."
ἐσσί = εἶ.

10 Παρρασίη: "Parrhasia," i.e., (a region in) Arcadia.
ᾗχι: "where."
11 ἔσκεν = ἦν.
περισκεπές: "covered or screened all around."
ἔνθεν: "from there," i.e., "for this reason."
12 κεχρημένον: "needing" + gen.
Εἰλειθυίης: "Eileithyia," the goddess of childbirth.
13 ἑρπετόν: "animal that goes on all fours"; with indefinite τι (accented because of enclitic μιν) used adverbially.
ἐπιμίσγεται: "mingle with, " i.e., "draw near."
14 ὠγύγιον . . . λεχώιον: "primeval childbed."
Ἀπιδανῆες: "Apidanians," the ancient Arcadians (Σ).
16 δίζητο: < δίζημαι, "seek out, look for."
τόκοιο: < τόκος, "childbirth"; epic gen.
17 χυτλώσαιτο: < χυτλόω, "wash off."
ἐνί = ἐν (adv.), "therein."
χρῶτα: "skin" or, more likely, "body."
λοέσσαι: aor. opt. or inf. of result (S 2011).
18 Λάδων . . . Ἐρύμανθος: rivers in Arcadia.
ἔρρεεν: < ῥέω.
19 ἄβροχος: "without moisture."
ἦεν = ἦν.
20 Ἀζηνίς: "part of Arcadia near the boundary with Elis" (McL).
21 αὖτις = αὖθις, "hereafter, later."
τημόσδε = τῆμος, "then."
22 ἐφύπερθε: "above."
σαρωνίδας: "oak trees" (Σ).
ὑγρός: "wet, easy, pleasure-loving."
22–24 Ἰάων . . . Μέλας . . . Καρίωνος (gen.): rivers in Arcadia.
23 ἤειρεν: aor. of ἀείρω.
ὤκχησεν: < ὀ(κ)χέω, "carry."
24 ἄνω: with Καρίωνος.
διεροῦ περ ἐόντος: "wet (or swift) though it is (or was)." The apparent contradiction to 19f. is resolved at 27: the water in waterless Arcadia is subterranean.
25 ἰλυούς: "dens, lairs."
ἐβάλοντο: "built, made"; plural verb with neut. pl. subject.

κινώπετα: "serpents" or "land animals."
νίσσετο: <νίσ(σ)ομαι, "go."

26 Κράθιν ... Μετώπην: still other rivers in Arcadia.
πολύστιον: "pebbly."

27 τὸ δέ: "on the other hand" (S 1111).

28 ῥ' = (ἄ)ρ(α).
σχομένη: aor. mid. participle of ἔχω (with passive sense).

30 ἀντανύσασα: <ἀνατανύω=ἀνατείνω (apocope), "lift up, stretch forth."

31 τὸ δέ: The article is used as a demonstrative (S 1106).
οἵ: 3rd pers. pron., dat. sing., "for her."
πουλύ=πολύ (adv. acc.).
διέστη: intransitive 2nd aor. of διίστημι, "separate, divide."

32 ἐκ ... ἔχεεν: <ἐκχέω, "pour forth" (tmesis).
τόθι: "there."
χρόα: <χρώς (see on 17).
φαιδρύνασα: "making bright, cleansing."

33 ὦνα=ὦ ἄνα.
σπείρωσε: <σπειρόω: "swaddle."
Νέδη: nurse after whom the river Neda was named.
κομίσσαι: "to take care of, convey"; inf. of purpose (S 2008).

34 κευθμόν: "hiding place, hole"; "cave" (Σ); "covert" (M).

35 μαιώσαντο: <μαιόομαι, "deliver (as midwife), suckle."

36 γενεή: "(she was the ...) offspring." The dative of the MSS. should probably be kept (McL).

37 ἀλίην: "fruitless, idle."
ἀπέτεισε: <ἀποτίνω, "repay."

38 κεῖνο=ἐκεῖνο.
τὸ μέν ποθι πουλύ: "this (stream), I suppose, (when) great (i.e., in flood)."
κατ' αὐτό: "beside the very."

39 Καυκώνων: "Cauconians," a people in the SW Peloponnesus.
πτολίεθρον: epic for πόλις.
πεφάτισται: <φατίζω, "call, speak of."

40 συμφέρεται: "comes together, meets, joins."
Νηρῆι: "with Nereus," i.e., "the sea" (by metonymy).
ὕδωρ: ὕδωρ is in "explanatory" apposition to μιν (S 988).

41 υἱωνοί: "grandsons," i.e., "descendants."
Λυκαονίης ἄρκτοιο: "of the Lycanonian bear." Lycaon was father to Kallisto, who, with Zeus, produced Arcas. Kallisto was then turned into a bear.

42 Θενάς: "Thenae," a town in Crete.
ἐπί: "toward" (+ gen.).

44 τουτάκι=τότε.
τοι=σοι.
πέσε ... ἄπ': <ἀποπίπτω (tmesis).

45 μετέπειτα: "thereafter."
Κύδωνες: "Cydonians," from Cydonia, a town in Crete.

46 Κυρβάντων: "Cyrbantes"="Corybantes," priests of Cybele.
ἑτάραι: "companions."
προσεπηχύναντο: "took in (their) arms."

47 Μελίαι: "Meliae," ash-tree nymphs.
ἐκοίμισεν: <κοιμίζω=κοιμάω, "put to sleep."
'Αδρήστεια: "Adrasteia (sister of the Curetes)"="Nemesis" (Σ).

48 λίκνῳ: "cradle."
ἐθήσαο: <θάω, "suck."

49 αἰγός: <αἴξ, "goat."
ἐπί ... ἔβρως: aorist of ἐπιβιβρώσκω, "eat" (tmesis).
κηρίον: "honeycomb."

50 γέντο=ἐγένετο.
ἐξαπιναῖα: "sudden"; virtually an adverb (S 1043).

51 τε: in relative clause in epic, generalizes (at best); do not translate (S 2970).
κλείουσι: <κλείω, epic for κλέω, here, =καλέω.

52 οὖλα: perhaps "lustily" (see McL).
Κούρητες: attendants of Rheia.
περί ... ὠρχήσαντο: <περιορχέομαι, "dance around" (tmesis). The verb takes both internal (πρύλιν) and external (σε) objects (S 1620).
πρύλιν: "a dance in armor" (a Cypriot or Cretan word).

53 πεπλήγοντες: <πλήσσω, "beat, strike" (reduplicated aor. part.)
  οὔασιν: dat. pl. of οὖς, "ear."
54 εἰσαΐοι: <εἰσαΐω, "catch the sound of, hear."
  κουρίζοντος: "crying like a baby."
55 καλά ... καλά: adv.
  ἤξεν: Ionic imperfect mid. 2nd sing. of ἀέξω=αὔξω, "grow, increase."
  ἔτραφες: <τρέφω; aor. passive.
56 ὀξύ: "swiftly."
  ἀνηβήσας: <ἀνηβάω, "grow up, reach one's prime."
  ταχινοί: poetic and late for ταχεῖς.
  ἴουλοι: "first growth of beard."
57 ἐφράσσαο: <φράζω, "show, consider, *plan*."
58 τῷ: "therefore."
  γνωτοί: "kinsmen, brothers."
  προτερηγενέες: "born sooner, older."
59 ἐμέγηραν: <μεγαίρω, "begrudge"; sc. τοι.
  ἐπιδαίσιον: "allotted, assigned."
60 δηναιοί: "ancient."
61 πάλον: "lot (shaken from a helmet)."
  διάτριχα: "in three divisions (one to each of the sons of Cronus: Zeus, Poseidon and Hades)"; possible pun on Δία (McL).
62 ἐπ(ί): "for" (+ dat.).
  κλῆρον ἐρύσσαι: "draw lots."
63 νενίηλος: "foolish; purblind."
63–64 "For it is reasonable to cast lots for an equal (share); but these are as far apart as possible" (lit., "as much as the most").
  ἰσαίη=ἴση (μοίρη?).
  πήλασθαι: <πάλλω, "shake (lots in a helmet)."
  διά ... ἔχουσι: tmesis.
65 ἀΐοντος: with ἀκουήν, "ear."
  ἅ: inner acc. with ψευδοίμην, opt. of wish, "may I tell lies (i.e., create fiction) which."
  πεπίθοιεν: reduplicated 2nd aor. 3rd pl. opt. of πείθω, "persuade."

66 ἐσσῆνα: "king bee, king" (Σ).
67 κάρτος = κράτος.
εἴσαο: <ἵζω, "set"; aor. ind. mid. 2nd sing.; see Hesiod, *Theogony* 385ff.
68 οἰωνῶν: gen. of the whole (S 1315): McL defends the reading of the mss., οἰωνόν.
μέγ(α): adverbial, "very much, greatly."
ἀγγελιώτην: predicate, "(as) messenger"; probably a Callimachean coinage.
69 ἐνδέξια: "towards the right hand; propitious."
70 αἰζηῶν: "vigorous," here, = ἀνθρώπων (Σ).
σύ: emphatic (S 930).
νηῶν: with ἐμπεράμους, "experienced with ships"; sc. εἷλεο.
71 σακέσπαλον: "wielding a shield."
οὐ μέν: "nor again" (GP 362.7.iii).
72–73 τὰ μέν ... ἄλλα: "these ... other."
72 ὀλίζοσιν: "lesser"; <ὀλίζων, comparative of ὀλίγος.
73 μέλειν ἑτέροισι: "(other things) for others to care for"; inf. of purpose.
πτολιάρχους = πολιάρχους: "rulers of cities."
74 γεωμόρος: "landowner"; sc. ἐστί.
ἴδρις: "skillful."
76 αὐτίκα: "for example."
χαλκῆας: <χαλκεύς, "smith."
ὑδείομεν = λέγομεν (Σ).
77 τευχηστάς: "warriors."
ἐπακτῆρας: "hunters."
Χιτώνης: "of the tunic"; from the Attic deme Chitone, or because garments were dedicated to Artemis on the birth of children (Σ).
78 λύρης ... οἴμους: "ways, courses of song."
79 ἐκ δὲ Διὸς βασιλῆες: a quotation from Hesiod, *Theogony* 96.
ἀνάκτων: gen. of comparison.
80 λάξιν: "lot."

81 φυλασσέμεν: epic act. inf.
ἵζεο: "you took your seat."
82 ἄκρῃσ' ἐν πολίεσσιν: "on the heights of cities." In the predicate position, ἄκρος, μέσος, and ἔσχατος mean "top of x, middle of x, and end of x" (S 1172).
ἐπόψιος: "observing, overseeing."
83 ἔμπαλιν: "back(wards), *the opposite way*."
ἰθύνουσιν: "make straight, guide, *rule*."
84 ῥυηφενίην: "affluence."
86 μεδέοντι: "(by our) ruler"; dat. of standard of judgment (S 1512).
περιπρό: "very."
εὐρὺ βέβηκεν: "he is widely established" or "he has surpassed by far" (McL).
87 ἑσπέριος: used where English would use a temporal adverb (S 1042).
τά = ἅ.
ἦρι: "in the morning."
89 οἱ δέ: "others" (sc. τελοῦσι).
πλειῶνι: "year."
ἑνί: "in one (year)."
89–90 ἀπὸ ... ἐκόλουσας: descriptive "gnomic" aorist; translate as present, "you cut off short" (S 1932).
90 ἄνην: "fulfillment."
ἐνέκλασσας: < ἐνικλάω, "break off, frustrate."
μενοινήν: "eager desire."
91 δῶτορ: "giver."
ἐάων: < ἐύς, "strong, good," thus, "of good things."
92 ἀπημονίης: "safety."
93 κεν ... ἀείσει: κέν or ἄν with the fut. ind. has a conditional or limiting force (S 1793).
94 ἄφενος: "wealth, abundance."
95 ἐπίσταται ... ἀέξειν: "does know how (i.e., is able) to exalt/make grow."

Hymn II: To Apollo

The contents of the Hymn to Apollo can be summarized as follows:
- 1–16 The epiphany of the god.
- 17–31 The ritual call for silence. Apollo is worthy of song, therefore ...
- 32–64 Celebration of Apollo's virtues, including a fondness for founding cities, therefore ...
- 65–96 The foundation of Cyrene: Apollo is patron of the city and its noble family, the Battiads.
- 97–104 Origin of the cry 'Hië Paiëon.'
- 105–113 Apollo spurns Phthonos and validates Callimachus' poetics. "The poem is concerned primarily not with politics or religion, but with literature" (W 3).

1 οἷον: exclamatory adverb, "how" (so οἷα in 2).
ὁ ... δάφνινος ὅρπηξ: "the laurel branch."
τὠπόλλωνος = τοῦ Ἀπόλλωνος (crasis).
ἐσείσατο: < σείω, "shake, tremble."

2 μέλαθρον: "ridge pole, house, *temple*," sc. ἐσείσατο.
ἑκάς, ἑκάς: Understand ἔστω, "let him be."
ἀλιτρός: "wicked."

3 καὶ δή που: καὶ δή "signifies, vividly and dramatically, that something is actually taking place at the moment" (GP 250). που makes the whole expression a conjecture: "must now be (knocking)."

4 ἡδύ τι: adv. acc., "pleasantly, gladly." "With adjectives, adverbs, and numerals, τις may strengthen or weaken an assertion, apologize for a comparison, and in general qualify a statement" (S 1268).

5 ἠέρι: < ἀήρ, "air."

6 κατοχῆες: "bolts."
ἀνακλίνασθε: aor. imperative.

7 μακρήν: "far (away)."

8   ἐς (=εἰς) χορὸν ἐντύνασθε: "begin the (song and) dance" or, perhaps, "prepare for the (song and) dance."
9   φαείνεται: "shines, gives light."
    ὅτις = ὅστις.
10 ἴδῃ: Subjunctive without ἄν is common in Homer (S 1767).
    ἴδε: unaugmented 2nd aor. ind., common in epic. Callimachus varies the mood to lessen the parallelism.
    λιτός: "poor, mean."
11 ὀψόμεθ(α): < ὁράω.
    Ἑκάεργε: "far-worker" (as archer).
12 ἴχνος: "footstep, foot."
13 ἔχειν: inf. used to express a command or a wish (S 2013–14).
14 τελέειν: probably fut. rather than pres. inf.
    πολιήν τε κερεῖσθαι: "cut grey (hair)," i.e., "live to old age."
15 ἐστήξειν: fut. perf. inf. of ἵστημι, but translate as a fut. It is dependent on μέλλουσι.
    τεῖχος: "city-wall," therefore, "city" (by synecdoche).
16 ἠγασάμην: < ἄγαμαι, "admire"; "dramatic" aorist; translate as present (S 1937).
    χέλυς: "tortoise shell," i.e., "lyre" (by metonymy).
17 εὐφημεῖτ(ε): "keep silent," the ritual call for silence in the presence of a god.
    ἐπ': probably with ἀίοντες (tmesis?).
18 κλείουσιν: "celebrate."
19 Λυκωρέος: < Λυκωρεύς, "Lycoreian"; Lycoreia was a town on Parnassus above Delphi.
    ἔντεα: "arms, appliances, musical instruments."
20 Ἀχιλῆα: accusative. Paris, assisted by Apollo, killed Achilles.
    κινύρεται αἴλινα: "lament plaintively"; αἴλινα is internal acc. (expressing the action of the verb), not the object affected by the action, i.e., the direct object (S 1554, 1573). Such repetition of sound is usually avoided, but here it is sought to express lamentation (-αι, -αι, cf. αἰαῖ).

21 ἰὴ παιῆον: the ritual cry of enthusiasm for Apollo the Healer.

22 καὶ μέν: affirmative, "verily, even" (GP 390).
ἀναβάλλεται: "defers."
πέτρος: Niobe was turned to stone while grieving for her children, killed by Apollo and Artemis because she boasted that she excelled Leto in children.

23 διερός: "living, wet."
ἐστήρικται: perf. pass. of στηρίζω, "make fast, fix."

24 μάρμαρον: in apposition to πέτρος in 22.
ὀϊζυρόν τι: internal acc. with χανούσης (<χάσκω), "gaping woefully." For internal acc., see on 20; for τι, see on 4.

26 μάχοιτο: potential opt. without ἄν (S 1821) or opt. expressing a wish. Callimachus is equating the king (Ptolemy III, Σ) with Apollo.

28 ὅ τι: "because, in as much as"; adv. acc.
οἱ: dat. sing. m. or f. of the 3rd pers. pronoun. The hiatus is only apparent because the original digamma (ϝοι) is observed.
κατὰ θυμόν: "after (his) heart."

29 ἧσται: 3rd pers. sing. ind. of ἧμαι, "sit."

31 εὔυμνος: "worthy to be hymned" (W).
ῥέα: epic adv. of ῥάδιος, "easily"; so ῥεῖα 50.

32 χρύσεα: neut. pl. with neut. and fem. nouns that follow (S 1057).
ἐπιπορπίς: the clasp which fastens the Doric tunic (Σ).

33 ἄεμμα: "bow."
Λύκτιον: Lyctus was a town in Crete.

34 πέδιλα: "sandals."

35 πουλυκτέανος: "rich in possessions"; πουλ- is a Callimachean mannerism.
Πυθῶνι: "by Pytho," i.e., Delphi (see on I 86). The treasures of Delphi were famous.
τεκμήραιο: <τεκμαίρομαι, "form a judgment, estimate."

36 καὶ μέν: progressive, "and further" (GP 390).

36–37 οὔποτε ... παρειαῖς: "never on the female cheeks of Apollo has down come—not even so much"; ἐπὶ ... ἦλθε: tmesis.

38 θυόεντα ... ἔλαια: The unusual pl. suggests "fragrant drops of oil."
πέδῳ: dat. of place whither (S 1531b).

38–39 κόμαι ... ἔθειραι: Callimachus has varied both the nouns and the verbs in these parallel lines. The nouns are arranged chiastically (compare 14 and 26f.).

39 λίπος: neuter; "animal fat" as opposed to ἔλαια (38).

40 πανάκειαν: the name of various medicinal plants and, if capitalized, of a minor goddess, daughter of Asclepius. There is wordplay with ἀκήρια πάντα (41).
ἄστεϊ: dat. of ἄστυ.

41 πρῶκες: "dewdrops."
ἔραζε: "upon the ground."
ἀκήρια: "unharmed."

42 ἀμφιλαφής: "wide-ranging."

43 ὀϊστευτήν: "archer."
ἔλαχ(ε): <λαγχάνω, "get as one's lot," here, "become tutelary deity of."
ἀνέρα: poetic variant of ἄνδρα; barely translatable appositive (S 986).

44 ἐπιτρέπεται: "is entrusted."

45 θριαί: The meaning is uncertain; probably "prophetesses" or "pebbles used in divination" (see W).
μάντιες = μάντεις.

46 δεδάασιν: a previously unattested perf. ind. of *δάω; "have learned," therefore, "know."
ἀνάβλησιν: "delaying."

47 ἐξέτι κείνου: "ever since that (time)."

48 Ἀμφρυσσῷ: The Amphryssus is a river in Thessaly.
ζευγίτιδας: acc. pl. fem. of ζευγῖτις, "yoked in pairs."

49 ὑπ': "under (the influence of)."
κεκαυμένος: <καίω.
Ἀδμήτοιο: objective gen., "love for Admetus"; this is not the familiar story, told in Euripides' *Alcestis*.

50 βουβόσιον: "herd of cows."
    τελέθοι: "become."
51 βρεφέων: <βρέφος, "new-born human or animal."
    ἐπιμηλάδες: of uncertain meaning, perhaps "protectress of flocks" or "pastured with sheep" (see W).
    ᾗσιν=αἷς; see also βοσκομένῃσ', 52.
53 οὔιες=οἴες or ὄϊες <ὄϊς.
    ἄκυθοι: "unfruitful, barren."
    ὕπαρνοι: "with a lamb under."
55 πόλιας=πόλεις (also πολίεσσι=πόλεσι, 56).
56 φιληδεῖ: "takes pleasure in," + dat.
56–57 πολίεσσι ... κτιζομένῃσ(ι): "the founding of cities"; the *ab urbe condita* construction (S 2053).
57 θεμείλια=θέμεθλα, "foundations," i.e., "buildings."
58 ἔπηξε: <πήγνυμι, "fasten, build."
59 Ὀρτυγίη: in this context, Delos.
    περιηγέος: <περιηγής, "round."
60 ἀγρώσσουσα: "catching."
    καρήατα: acc. pl. of κάρα, "head, skull."
    συνεχές: "continually."
61 Κυνθιάδων: "Cynthian"; Cynthus is a mountain on Delos.
    φορέεσκεν: iterative imperfect of φορέω (S 495); "would (continually) bring."
62 ἐδέθλια: "foundations, base."
    βωμόν: The altar of horns at Delos was a tourist attraction of great antiquity, one of the seven wonders of the ancient world.
62–63 κεράεσσιν ... κεράων, κεραούς: The repetition is for emphasis; compare the triple anaphora of κεῖνος, -ον at 43–45.
63 πέριξ: "round about."
    ὑπεβάλλετο: <ὑποβάλλω, "lay (a foundation) under," here, "lay, build."
65 ἔφρασε: "told, pointed out."
    Βάττῳ: Battus of Thera founded Cyrene, Callimachus' home.

66 κόραξ: "raven" (in apposition to Φοῖβος).
67 ὤμοσε: <ὄμνυμι.
69 Βοηδρόμιον: "running to help."
70 Κλάριον: Clarus was a cult-center of Apollo not far from Ephesus.
πάντη: adv., "on every side," i.e., "everywhere."
τοι: dat. of possession.
οὔνομα πουλύ: "many a name" (W); for πουλύ, see on 35.
71 Καρνεῖον: Carneius was a common Doric epithet of Apollo.
ἐμοὶ πατρώιον οὕτω: "for that is the way of my fathers."
72 τόδε: The reading is uncertain; "this was your first shrine."
73 γε μέν: progressive (GP 349 γε μήν); W more aptly terms the use "climactic" since the last of a series is emphasized, "but (third)."
74 Οἰδιπόδαο: "from Oedipus" (<Οἰδιπόδης).
75 ἀπόκτισιν: "founding of a colony," probably coined by Callimachus.
76 οὖλος: "whole" or "curly" or "destructive"; most likely "whole," in which case Callimachus is denying a story that Aristoteles (i.e., Battus) was a stammerer (see W).
Ἀσβυστίδι: The Asbystae were the indigenous population in the region of Cyrene.
πάρθετο: an apocopated 2nd aorist of παρ(α)τίθημι, "hand over, deposit."
77 ἀνάκτορον: "temple, shrine."
πόληι=πόλει.
78 τελεσφορίην: "festival."
ἔνι: poetic for ἐν.
79 ὑστάτιον (=ὕστατον) ... ἰσχίον: "last haunch," i.e., "for the last time."
80 πολύλλιτε: "sought with many prayers."
81 εἴαρι=ἔαρι, "spring."
τόσσα=ὅσσα.
Ὧραι: "(goddesses of the) Seasons."

82 ἀγινεῦσι=ἀγινοῦσι <ἀγινέω, a lengthened form of ἄγω, "gather, offer."
    ἐέρσην=ἔρσην, "dew, rain."

83 κρόκον: "saffron," a winter flower (sc. φορέουσιν).
    ἀέναον πῦρ: "The sense is that sacrifices follow one another in a constant series, not that there was at Cyrene a special rite of perpetual fire" (W).

84 "And the ash never feeds about yesterday's charcoal." The ash which spreads over the surface of the charcoal as it burns is likened to a grazing herd; there is fresh charcoal daily.

85 ἦ ῥ': probably affirmative rather than interrogative (GP 284).
    ἐχάρη: aor. pass. <χαίρω (with active sense).
    μέγα: adv. acc.

85–86 ζωστῆρες Ἐννοῦς ἀνέρες: "belted warriors of Enyo" (M), i.e., "performers of armor-dances."

87 τέθμιαι: "appointed, designated."
    Καρνειάδες: "of the Carnean festival."

88 Κύρης: Cyre, a stream at Cyrene.

89 Ἄζιλιν: The colonists lived at Azilis (on the sea near the later Cyrene) for six years before founding Cyrene.

90 τούς: See on I 31.
    ἑῇ: <ἑός, -ή, -όν, "his own, her own."

91 Μυρτούσσης: thought to be a hill west of Cyrene.
    ἧχι: "where."

92 Eurypylus, king of Libya, offered his kingdom to anyone who could kill the lion which was ravaging the region.
    Ὑψηίς: "daughter of Hypsos," i.e., Cyrene, the νύμφη of 90.
    σίνιν: "destroyer."

93 θεώτερον: "more godlike."

94 τόσ' ... τόσσα: "as many ... as" (see on 81).
    ἔνειμεν: The MSS. reading ἔδειμεν should be kept.
    ὀφέλσιμα: a probably Callimachean variant of ὠφέλιμα, "useful, beneficial."

95 μνωόμενος: "remembering."
ἁρπακτύος: "rape"; gen. with verb of remembering.
96 Βαττιάδαι: "descendants of Battus."
98 ἐφύμνιον: "refrain."
99 ἦμος: "when."
ἐκηβολίην: "archery."
ἐπεδείκνυσο: an inchoative imperfect (S 1900) to mark the beginning of Apollo's prowess in archery.
100 Πυθώ: "to Delphi" (acc.).
τοι: dat. with verb of meeting (συνάντομαι; S 1463).
101 κατήναρες: 2nd aor. of κατεναίρομαι, "slay." The assonance in 101f. alludes to one etymology of Apollo's name, ἀεὶ βάλλων.
102 ἐπηΰτησε: < ἐπαϋτέω, "shout applause."
103 ἰή ... ἵει: The wordplay suggests that the crowd was in fact shouting ἵει, ἵει, παῖ, ἰόν ("shoot an arrow, boy"). The slaying of Pytho was a feat of Apollo's youth. Either βέλος or ἀοσσητῆρα could be the crowd's last word.
εὐθύ: adv., "at once," i.e., "from birth."
104 ἀοσσητῆρα: "(as a) helper."
τὸ ... ἀείδῃ: "ever since then (ἐξέτι) you have been celebrated in this way (τὸ δ'=by the ἰή cry) from that cause (κεῖθεν=the slaying of the serpent)" (W). But κεῖθεν could be temporal with ἐξέτι, "from that time."

105–113 Callimachus ends the hymn with criticism of excessively long and inelegant poems. He uses various types of water to express his views. πόντος (the sea=Homer?) is both vast and pure. Ἀσσύριος ποταμός (=the Euphrates= contemporary epic poets?) is large but dirty. πῖδαξ (the spring=Callimachus' ideal) is both small and pure. Φθόνος (=Callimachus' literary enemies) criticizes Callimachus for not equalling Homer in scope. Apollo criticizes the critics for their long but inelegant poems and implicitly approves of short, elegant poems. See Williams' commentary for a discussion of these difficult and controversial lines.

105 οὔατα: acc. pl. of οὖς, "ear."
λάθριος: "secretly."

106 ὅς ... ἀείδει: "who sings (songs) not even as great (in number) as the sea (sings)."
108 τὰ πολλά: either adverbial, "for the most part," i.e., "for most of its length," or modifies λύματα.
109 συρφετόν: "refuse."
110 Δηοῖ: "Demeter" (dat.).
ἀπὸ παντός: either = πάντοθεν, "from everywhere," or "from every (source)."
μέλισσαι: The "bees" have usually been taken to be priestesses of Demeter. They might simply be bees. Since the passage is metaphoric, a metaphoric interpretation is also possible, perhaps "poets."
111 ἀχράαντος = ἄχραντος, "undefiled."
ἀνέρπει: "springs up."
112 λιβάς: "trickle."
ἄκρον ἄωτον: "the pure (or choice) crown."
113 Μῶμος: "not so much a minor deity as the personification of Criticism" (W).
ἵν(α): + ind. = "where."
νέοιτο: < νέομαι, "go."

Commentary to Hymns V and VI

Abbreviations:

McKay V   K. J. McKay, *The Poet at Play; Kallimachus, the Bath of Pallas* (Leiden, 1962).

McKay VI   K. J. McKay, *Erysichthon, A Callimachean Comedy* (Leiden, 1962).

Forms:

Callimachus' Hymns V and VI are in Doric dialect. Those forms which occur with some frequency will be listed here. (See the list preceding the commentary to Hymn I for epic forms.)

1. Original $\bar{α}$, which has become η in Ionic and Attic, is retained: VI 5 γυνά ... ἅ, etc.
2. a) ω for o or ου: V 27 κῶραι, etc.
   b) Masc. and neut. gen. sing. substantives of the second decl. in -ω: V 46 τῶ ποταμῶ, etc.
   c) Masc. acc. pl. substantives of the second decl. in -ως: V 13 ἀλαβάστρως, etc.
3. First decl. gen. pl. in -ᾶν: V 3 τᾶν ἱερᾶν, etc.
4. κ for τ: V 5 οὔποκ', 7 ὅκα (=ὅτε), 18, 38, etc.
5. την- for ἐκειν-: V 17 τήνας, 68, 74, etc.
6. ἤνθ' for ἦλθ-: V 8 ἦνθ'; VI 26, 74, 77.
7. First person pl. act. in -μες: VI 6 πτύωμες, 17, 124, 125.
8. Third person pl. ind. act. of the primary tenses in -ντι: V 100 λέγοντι, 115, 120, etc.
9. Fem. nom. act. participle in -οισα(ι): V 7 φέροισα, 21, 25, etc.
10. Addition of ε to the fut. stem, with resulting contraction of the vowels: V 50 ἡξεῖ, 54, 107, etc.

Hymn V: The Bath of Pallas

It was the custom that, on an appointed day, the women of Argos would take the image of Athena and (the shield) of Diomedes to the river Inachus and wash them there (Σ, emended).

An outline of the hymn (after McKay V, 113):
1–54   Ritual framework:
        1–12   The speaker invites the participants to come forward.
        13–32   Athena's toilet.
        33–42   The Shield of Diomedes.
        43–54   The dangerous divinity.
55–136   The story of Teiresias and Athena:
        55–56   Poetic introduction.
        57–69   Athena's love for Chariclo.
        70–84   Teiresias sees Athena bathing and is blinded by her.
        85–95   Chariclo's reaction.
        96–106   Athena's compassion: explanation.
        107–118   Athena's compassion: the story of Actaeon and Artemis.
        119–130   Athena's compassion: benefits for Teiresias.
        131–136   Praise of Athena.
137–142   Ritual framework: epiphany.

1   ὅσσαι=ὅσαι (a metrically convenient alternate): "however many (of you are)."
   λωτροχόοι=λουτροχόοι, "bath-pourers."

2   φρυασσομενᾶν: "neighing, whinnying."

3   ἐσάκουσα=εἰσήκουσα.
   εὔτυκος: "ready."
   ἕρπεν=ἕρπειν.

4   σοῦσθε: "hurry, hasten"; imperative of σεύω.
   Πελασγιάδες: "daughters of Pelasgus," the eponym of the supposed original inhabitants of Greece.

5 οὔποκ' = οὔποτε.
μεγάλως ... πάχεις = μεγάλους πήχεις.
6 λαγόνων: <ἡ or ὁ λαγών, "flank."
7 λύθρῳ: "gore."
πεπαλαγμένα: <παλάσσω, "spatter, defile."
φέροισα = φέρουσα.
8 ἀδίκων ... γαγενέων: "(with the) unjust Giants." Athena played a major role in the battle of the Gods against the Giants.
ἧνθ' = ἧλθεν.
9 πράτιστον = πρώτιστον.
10 ἔκλυσεν: <κλύζω, "wash."
11 ἱδρῶ καὶ ῥαθάμιγγας: "sweat (<ἱδρώς) and drops," i.e., "drops of sweat" (hendiadys).
ἐφοίβασεν: "cleansed, purified."
παγέντα: "congealed," <πήγνυμι, "fix."
12 χαλινοφάγων: "bit-champing."
13 ἀλαβάστρως = ἀλαβάστρους, "jars for perfume."
14 συρίγγων: "holes in the naves of wheels."
ὑπαξόνιον: "under the axle."
16 χρίματα μεικτά = χρίσματα μικτά, "mixed unguents, ointments."
17 οἴσετε: imperative, fut. in form, but aor. in sense (cf. 31, 48, VI 136).
ὄμμα: "eye, light, face, form."
τήνας = ἐκείνης.
18 Φρύξ: "the Phrygian,", i.e., Paris.
19 ὀρείχαλκον: "(a mirror of) orichalc (i.e., mountain bronze)."
Σιμοῦντος: contracted form of Σιμόεντος, "(the river) Simois."
20 δίναν: "eddy."
21 διαυγέα: <διαυγής, "shining."
22 πολλάκι ... δὶς μετέθηκε: "many times adjusted and readjusted" (McKay V, 3).

23 ἁ δέ: Athena. Callimachus is comparing the artificial and more feminine beauty of Aphrodite with the natural and more manly beauty of Athena, to Athena's advantage.
διαθρέξασα: aor. part. of διατρέχω, "run (to the end)."

24 οἷα: "as (for example), just as."
τοί = οἱ.

24-25 Λακεδαιμόνιοι ἀστέρες: Castor and Polydeuces.

25 ἐμπεράμως: "skillfully."
ἐτρίψατο ... βαλοῖσα: "put on and rubbed (in)," or possibly "ground and put on." Some mss. read λαβοῖσα.
λιτά: "simple."

26 ἔκγονα: "born of, sprung from."
φυταλιᾶς: "plant," i.e., the olive tree.

27 ἔρευθος: "redness, flush."
ἀνέδραμε: "ran up," i.e., "spread (over)."

27-28 πρώϊον ... χροϊάν: "which color the morning rose or pomegranate seed has."

29 τῷ: "therefore."
ἄρσεν: "masculine, manly."

31 κτένα: < κτείς, "comb."

31-32 ἀπό ... πέξηται: < ἀποπέκομαι, "comb."

32 σμασαμένα: < σμάω, "cleanse with soap or unguent."

33 πάρα = πάρεστι.
καταθύμιος ἴλα: "congenial band."
τοι: dat. with either πάρα or καταθύμιος (or ἀπὸ κοινοῦ with both).

34 Ἀρεστοριδᾶν: "sons of Arestor," i.e., Argives.

35 ὠθάνα = ὦ Ἀθήνη.

36-42 "Once when the Heracleidae came against the Orestiadae, Eumedes, priest of Athena, was suspected by the Argives of wishing to betray the Palladium to the Heracleidae. Eumedes, being afraid, took the Palladium and came up to the hill called Creion" (Σ, translated by M).

36 ἔθος Ἀργείως: διδάσκω (37) governs two accusatives; "instruct x in y."

37 τεΐν=σοί.
   ἱρεύς=ἱερεύς.
38 βωλευτόν=βουλευτόν, "devised, plotted" (predicate adj.).
39 φυγᾷ: "in flight"; dat. of accompanying circumstance (S 1527b).
41 ἀπορρώγεσσιν: <ἀπορρώξ, "broken off, sheer."
43 περσέπτολι: "sacker of cities."
   χρυσεοπήληξ: "of the golden helmet."
44 σακέων: <σάκος, "shield."
   πατάγῳ: "clatter."
45 μὴ βάπτετε: "do not dip (your pitchers)."
   Ἄργος: collective subject with pl. verb (πίνετε).
47 κάλπιδας: "pitchers."
   ’ς=εἰς.
47–48 Φυσάδειαν ... Ἀμυμώναν: Physadeia and Amymone were springs at Argos, named after two of the famous fifty daughters of Danaus (Σ).
50 ἥξει: contraction resulting from the addition of ε to the fut. stem.
   φορβαίων: "pasture giving."
   Ἴναχος: an Argive river and river-god.
51 λοετρόν=λουτρόν.
   Πελασγέ: "Argive" (sing. for pl.).
52 μὴ οὐκ: monosyllabic by synizesis. Verbs of caution can take the construction of verbs of fearing (S 2220).
53 πολιοῦχον: "city-protector."
54 τὦργος=τὸ Ἄργος.
   τοῦτο πανυστάτιον: "for this very last time," adverbial.
55 μέσφα: "meantime."
57 νύμφαν μίαν: Chariclo, Teiresias' mother.
58 πουλύ ... φίλτατο: "(Athena) loved very much, yes exceedingly" or "even before."
   τᾶν ἑτερᾶν=τῶν ἑταίρων; partitive gen. with μίαν or gen. denoting superiority with πέρι, "before" (S 1403).
59 ἔγεντο=ἐγένετο.

60 εὖτ(ε) = ὅτε.
ἐπί: + gen., "towards."

60–61 Θεσπιέων ... Ἁλίαρτον: Thespiae and Haliartus, cities in Boeotia.

61 The mss. have ἢ 'πὶ Κορωνείας, but the repetition with 63 is considered intolerable.

62 ἔργα: "tilled fields."

63 Κορωνείας: Coroneia, a city in Boeotia.
τεθυωμένον: "fragrant," < θυόω.

64 Κουραλίῳ: a river in Boeotia.

65 ἐπεβάσατο: The 1st aor. mid. of ἐπιβαίνω is transitive, "set upon."

66 ὄαροι ... χοροστασίαι: "conversations ... choral dances."

67 τελέθεσκον: < τελέθω, "come into being, be so-and-so," imperfect.

69 ἔσσαν = οὖσαν.

70 δή: In epic δή sometimes takes first position.
λυσαμένᾱ: fem. nom. dual participle.
περόνας: "brooches, buckles."

71 ἵππω ἐπὶ κράνᾳ Ἑλικωνίδι: "beside the Heliconian Fountain of the Horse," i.e., Hippocrene on Mt. Helicon in Boeotia.

72 λῶντο: imperfect of λούω.

73 μεσαμβριναὶ δ' ἔσαν (= ἦσαν) ὧραι: "it was the noontide hour."

75 ἔτι: either with μῶνος, "still an only child" (McKay V), or with ἀνεστρέφετο, "still ranged" (M, Howald-Staiger).
ἀμᾶ = ἅμα (+ dat.).

75–76 ἄρτι γένεια περκάζων: "(his) beard just darkening"; γένεια is acc. of respect.

77 ἄφατόν τι: "something unspeakable," i.e., "terribly."
ποτί = πρός.
ῥόον ... κράνας: "flowing spring."

78 σχέτλιος: "implies an objectionable persistence" (W. B. Stanford on Od. 11.474); "unflinching, headstrong."

81 Εὐηρείδα: "son of Everes," i.e., Teiresias.
ὁδόν: inner acc.
83 ἐστάκη: pluperfect of ἵστημι.
ἐκόλλασαν: <κολλάω, "glue, join," i.e., "make immobile."
ἀνῖαι: "griefs, distresses."
84 γώνατα: <γόνυ.
85 ἔρεξας: <ῥέζω, "do x (acc.) to y (acc.)."
87 ἄλαστε: "wretched."
89 ὄψεαι: <ὁράω.
ἐμέ: The acc. with exclamatory ὤ is unusual.
90 παριτέ: "accessible."
91 ὀλίγων: As usual, Callimachus follows Homeric usage (ὀλίγος: "small"), not Attic (ὀλίγος: "few").
ἐπράξαο: "you have exacted payment, made pay."
δόρκας: "gazelles."
ὀλέσσας: "having lost."
92 πρόκας: <πρόξ, "(roe) deer."
φάεα: <φάος, "light, light of the eyes."
93 ἄμ': supplied by editors.
ἀμφοτέραισι: "with both (hands)."
περὶ ... λαβοῖσα: <περιλαμβάνω, "embrace" (tmesis).
94 γοερᾶν οἶτον ἀηδονίδων: "lament of the mournful nightingales."
97 μετὰ ... βαλεῦ: <μεταβάλλω, "change, take back."
98 εἶπας=εἶπες.
99 πέλει=ἐστί.
100 λέγοντι=λέγουσι.
102 ἀθρήσῃ: <ἀθρέω, "gaze at, observe, look upon."
μισθῷ ... μεγάλῳ: gen. of price (S 1372).
τοῦτον: refers back to ὅς.
ἰδεῖν: The inf. often occurs in legal language and has the force of a 3rd person imperative (S 2013b).
103 παλινάγρετον: "to be taken back or recalled."
γένοιτο: The potential opt. may occur without ἄν, especially in negative sentences (S 1821a).

104 ἐπένησε: <ἐπινέω, "spin out (a person's fate)."
λίνα: "threads."
105 κομίζεν: "take (for yourself), receive."
106 τέλθος: "payment, debt."
107 ἁ (=ἡ) Καδμηίς: "the daughter of Cadmus," i.e., Autonoë, the mother of Actaeon, whose punishment for seeing Artemis naked (or boasting that he was a better hunter) was to be devoured by his hunting dogs.
ἐς ὕστερον: "later, hereafter."
ἔμπυρα: "(burnt) sacrifices."
καυσεῖ: <καίω, "burn."
109 ἀβατάν=ἡβητήν, "young, in one's prime."
110 σύνδρομος: "one who runs along with, follower."
111 ἔσσεται=ἔσται.
112 ῥυσεῦνται: fut. of (ἐ)ρύομαι, "protect, save."
ξυναί=κοιναί, "common," i.e., together with Artemis.
τᾶμος=τῆμος, "then, at that time"; often preceding another temporal adverb.
ἑκαβολίαι: <ἑκηβολίη, "archery," i.e., "hunts."
115 τουτάκι=τότε.
δειπνησεῦντι=δειπνήσουσι.
υἱέος: for υἱοῦ.
116 δρυμώς=δρυμούς, "copses, thickets."
117 ὀλβίσταν=ὀλβιωτάτην.
εὐαίωνα: "fortunate, happy (in life)."
119 τι: adv. acc., "at all, in any way."
μινύρεο: "complain, whimper; warble."
120 τεῦ (=σοῦ) χάριν: "for your sake."
ἐμέθεν=ἐμοῦ.
μενεῦντι: fut. 3rd pl. of μένω with neut. pl. subject (γέρα).
121 ἐσσομένοισιν=ἐσομένοις; dat. of reference, "in the eyes of future generations" (S 1496), or dat. of agent with (a verbal) adj. (S 1488).
122 μέγα ... τι περισσότερον: "much more excellent." Notice the opulence of redundant emphasis: ἦ, μέγα, δή, τι, comparative adj.

123 ὄρνιχας: < ὄρνιξ=ὄρνις.
123-124 ὅς ... πτέρυγες: "which is of good omen, which fly to no purpose, and of which the flights are ill-omened."
125 θεοπρόπα: "prophecies, oracles," obj. of χρησεῖ.
126 χρησεῖ: < χράω, "proclaim or warn (in an oracle or prophecy)."
Λαβδακίδαις: "sons of Labdacus," a king of Thebes and grandfather of Oedipus.
127 ἐς δέον: "to the right (path)" or "as is needful."
130 Ἀγεσίλᾳ: "Leader of the people," i.e., Hades (Σ).
131 τὸ δ' ἐντελές: "this (is) complete or accomplished."
132 τόγε=τό γε; explained by φέρεσθαι.
133 πατρώια: "of or from one's father."
φέρεσθαι: "gain, win."
135 κορυφά: "head."
136 ψεύδεα <κοὐδὲ Διὸς ψεύδετ>αι <ἁ> θυγάτηρ: M's supplement gives the likely sense of the original line.
137 ἔρχετ'=ἔρχεται.
ἀτρεκές: "truly," adv. acc.
138 τὦργον=τὸ ἔργον.
μέλεται: for the normal μέλει.
139 εὐαγορίᾳ: "good words, praise."
140 κάδευ: < κήδομαι, "care for, or be concerned about," + gen.
141 χαῖρε καὶ ἐξελάοισα, καὶ ... ἐλάσσαις: "hail also when you drive out, and may you drive."
ἐς: should probably not be taken with ἐλάσσαις (tmesis) but with πάλιν (compare ἐς τέλος and ἐς αὖθις). Translate "back."
αὖτις=αὖθις, "again."
142 κλᾶρον: "lot, inheritance, inherited estate."
σάω: < σαόω=σῴζε; pres. act. imperative.

Hymn VI: To Demeter

Ptolemy Philadelphus established certain customs in imitation of Athens, among them the Procession of the Basket. For it was the custom in Athens for a basket to be carried in a vehicle on the appointed day in honor of Demeter (Σ). The plan of the hymn, Callimachus' most obviously humorous hymn, is similar to that of Hymn V (after McKay V, 113):

1–23 Ritual framework: the speaker invites the initiated women to greet the basket; (s)he associates ritual abstinence from food with Demeter's fasting when searching for Persephone.
24–115 The story of Erysichthon and Demeter:
    24–67 Erysichthon cuts down Demeter's tree and is punished with insatiable hunger.
    64–115 Reactions of Erysichthon and his family.
    116–117 Prayer.
118–138 Ritual framework: benefits, compassion, and epiphany of Demeter.

1 τῶ καλάθω κατιόντος: gen. abs.; κατιόντος, "comes in procession" (M).
ἐπιφθέγξασθε: aor. imperative of ἐπιφθέγγομαι, "name, utter, *respond.*"

2 "Greatly hail, Demeter! Bountiful (lady), of many measures (of grain)."

3 χαμαί: "on the ground," as opposed to ἀπὸ τῶ τέγεος.
θασεῖσθε: contracted fut. ind. of θαέομαι, a Doric form of θεάομαι, "behold, view."
βέβαλοι: "unhallowed, uninitiated."

4 τέγεος: <τέγος, "roof."
αὐγάσσησθε: <αὐγάζω, "view (in the clearest light)."

5 ἅ (=ἥ) κατεχεύατο χαίταν (=χαίτην): "she who has shed (i.e., cut) her hair," i.e., "unmarried woman" (Σ).

6 μηδ' ὅκ(α): "(neither during the times of life referred to in 5) nor when" (after M).

αὐαλέων: "dry, parched." The second day of the Thesmophoria, a women's festival in honor of Demeter to insure the fertility of the seed grain, was a day of fasting.
πτύωμες=πτύωμεν <πτύω, "spit (to ward off evil)." Temporal clauses referring to the future take the subjunctive with ἄν, but the ἄν is often omitted (S 2401–2).

7 ἐσκέψατο: The aorist employed in descriptions of customs and imaginary scenes is similar to the gnomic aorist (S 1932); translate as a present.
πανίκα=πηνίκα, "when."

8 τε: otiose; see on I 51.

9 ἁρπαγίμας ... κώρας: "stolen daughter," i.e., Persephone.
ἄπυστα: "not heard of, unknown."
μετέστιχεν: <μεταστείχω, "follow."

10 φέρεν=φέρειν.
ἔστ(ε) ἐπί: "up to, even to."
δυθμάς=δυσμάς, "settings (of the sun), West."

11 μέλανας: "Aethiopians" (Σ).
ὄπα=ὄπη (ὄπου).
χρύσεα μᾶλα (=μῆλα): the "golden apples" in the Garden of the Hesperides (daughters of Hesperus).

12 ἔδες: This imperfect should be interpreted no differently than the aorists πίες and λοέσσα.
τῆνον (=ἐκεῖνον) χρόνον: acc. of duration.
λοέσσα: instead of ἐλούσω (2nd sing. aor. ind. mid.) (Σ).

13 Ἀχελώϊον: a river in Aetolia.
ἀργυροδίναν: "with silver eddies."

14 τοσσάκι=τοσάκις, "so many times."
ἐπέρασας: <περάω, "drive right through, cross."

15 Καλλιχόρῳ: a well at Eleusis (Σ).
χαμάδις=χαμᾶζε, "on the ground."
φρητί: <φρέαρ, "(artificial) well."

16 αὐσταλέα: "dried up, parched."

17 λέγωμες=λέγωμεν: hortatory subjunctive.
Δηοῖ: Deo=Demeter; dat.

18 κάλλιον: sc. ἐστὶ λέγειν (so in 19 and 22).
πολίεσσιν=πόλεσιν.
ἐαδότα: perf. act. part. of ἀνδάνω, "please, delight."

19 δράγματα: "handfuls; sheaves (of wheat)."
πράτα=πρώτη.

20 ἀσταχύων: <ἄσταχυς, "ear of wheat."
ἐν ... ἧκε: <ἐνίημι, "send in," tmesis.
πατῆσαι: inf. of purpose (S 2009).

21 Τριπτόλεμος: Triptolemus, the son of Celeus, king of Eleusis, was taught bread-making (agriculture) by Demeter (Σ).

22 καί: for emphasis (GP 298).
ὑπερβασίας: probably acc. pl., not gen. sing.
ἀλέηται: <ἀλέομαι, "avoid, shun."

23 π ... ἰδέσθαι: There have been various suggestions for filling the lacuna. The required sense is something like "made the son of Triopas hateful (to see)."

24 Δώτιον: in Thessaly.
ἱρόν=ἱερόν.

25 τίν=σοί.
ἄλσος: "(sacred) grove."
Πελασγοί: "Pelasgians," a general term for the aboriginal inhabitants of the N. Aegean.

26 ἀμφιλαφές: "thickly grown, wide-spreading."
διά ... ἦνθεν=διῆλθεν.
κεν=ἄν; aor. (or imperfect) with ἄν denotes past potentiality, probability, or necessity (S 1784). Translate "(an arrow) could (scarcely) have ... "

27 "In it was pine, and in it were great elms, and in it were pear trees."

28 ὥστ(ε) ἀλέκτρινον: "like (something made) of amber."

29 ἀμαρᾶν: Doric gen. pl. of ἀμάρα, "trench or channel for watering."
ἀνέθυε: "kept gushing forth."
ἐπεμαίνετο: "was mad for."

30 ὅσσον ... ὅσον ὁκκόσον (=ὁπ[π]όσον): a striking example of Callimachean *variatio*.
Τριόπᾳ: "the son of Triopas," i.e., Erysichthon.
Ἔννᾳ: a nymph, or possibly the city in Sicily.

31 ὁ δεξιὸς δαίμων: "favoring fortune" (M).

32 τουτάκις: poetic for τότε.
Ἐρυσίχθονος: partitive gen. with ἅψατο.

33 (ἐ)σεύατ(ο): <σεύω, "rush, dart."
ἔχων: "with" (S 2068a).

34 ἀρκίος=ἀρκίους (acc. pl., but the whole verse is suspect), "sure, sufficient."
ἆραι: <αἴρω; epexegetical inf. (S 2001-3), "(able) to lift."

35 ὁπλίσσας: <ὁπλίζω, "equip."

37 ἦς=ἦν.
κῦρον: <κύρω, here, "reach (to)."

38 τῷ ἔπι: "by it"; McKay (VI, 87) defends the reading of the mss., τῷ (gen.), "on it."
ταί=αἱ.
ποτὶ τὤνδιον=πρὸς τὸ ἔνδιον, "at noon."
ἐψιόωντο: <ἐψιάομαι, "amuse oneself."

39 ἃ πράτα=ἣ πρώτη (presumably αἴγειρος, but see McKay VI, 122). ἃ is relative for demonstrative, "she."
πλαγεῖσα: aor. pass. part. of πλήσσω, "strike."

40 ἄσθετο=ᾔσθετο.
οἱ: dat. of possession or of disadvantage.

42 τάν=τήν; article as rel. pronoun (S 1105).
ἀράτειραν: "priestess."

43 ἔστασαν: aor. ind. act. of ἵστημι, "appoint"; singular collective subject with pl. verb (S 950).
ἐείσατο: <εἴδομαι, "make oneself like," with dat.
γέντο=ἔλαβεν (a verb found only in this form).

44 μάκωνα: <μήκων, "poppy."
κατωμαδίαν: <κατωμάδιος, "from the shoulder."
κλᾷδα: Doric acc. sing. of κλείς, "key." She has a key to the temple of which she was priestess.

45 φᾶ=ἔφη.
παραψύχοισα: <παραψύχω, "soothe."
φῶτα: <φώς, "man, mortal."

46 θεοῖσιν ἀνειμένα (<ἀνίημι): "devoted to the gods."

47 ἐλίννυσον: aor. imperative of ἐλινύω, "rest, cease (from)."
πολύθεστε: "much prayed-for."

48 τι: adv. acc. or internal acc., "in some way."
   χαλεφθῇ: <χαλέπτω, "provoke, enrage."
49 τᾶς: See on 42.
   ἐκκεραΐζεις: "plunder, pillage, cut down."
50 ὑποβλέψας: "looking up from under (the brows) at angrily."
   ἠέ=ἤ.
51 ὤρεσιν=ὄρεσιν.
   Τμαρίοισιν: Tmarus is a mountain near Dodona.
   ἄνδρα: in apposition to κυναγόν, but redundant (S 986).
52 ὠμοτόκος: "bringing forth cubs."
   φαντί=φασί.
   βλοσυρώτατον: <βλοσυρός, "shaggy, terrible."
53 χάζευ: mid. imperative of χάζομαι, "give way, back off."
   τοι: dat. of disadvantage.
   χροΐ: <χρώς, "skin, flesh."
   πάξω: aor. subjunctive of πήγνυμι, "stick or fix."
54 στεγανόν: "water-tight, closely covered" (predicative).
   ᾧ ἔνι: The placement of the accent shows that the preposition governs the preceding word by anastrophe (see also on 38).
55 θυμαρέας: "suiting the heart, delightful."
57 ἄφατόν τι: See on V 77.
   γείνατο δ' ἁ θεύς=ἐγένετο δ' ἡ θεός: "she resumed her divine form."
58 ἴθματα: "steps, feet."
   χέρσῳ ... Ὀλύμπῳ: See on 32.
59 ἡμιθνῆτες: "half-dead (for fear)."
60 ἐξαπίνας: "suddenly, at once."
   ἀπόρουσαν: <ἀπορούω, "dart away, start back."
61 ἄλλως=(τοὺς) ἄλλους.
62 βαρύν: "heavy, overbearing."
64 θαμιναί ... εἰλαπίναι: "frequent (shall be your) banquets."
   τοι: dat. of possession; the position is emphatic.
67 αἴθωνα κρατερόν: "burning, fierce" and "strong, keen"; the usual conjunction is omitted (asyndeton, S 1033).
   ἐστρεύγετο: "was distressed or exhausted."

68 σχέτλιος: See on V 78.
πάσαιτο: <πατέομαι, "eat (of)."
αὖτις=αὖθις, "again."

69 εἴκατι=εἴκοσι.

70 καὶ γάρ: "yes, and" (GP 109).
συνωργίσθη: <συνοργίζομαι, "be angry together (with)."

71 τόσσα: "so many, those very (things)."

72 ἐράνως: "pot-luck dinners, feasts."
ξυνδείπνια: "common meals, banquets" (ξυν=συν).

73 προχάνα: "pretext, excuse."

74 Ἰτωνιάδος: "Itonian"; Itone was a city in Thessaly (Σ).
νιν: obj. of καλέοντες.

75 Ὀρμενίδαι: "sons of Ormenus," the "eponymous king of Ormenion in Thessaly" (M).
ἀπ'... ἀρνήσατο: <ἀπαρνέομαι, "deny utterly, refuse."
ὦν=οὖν. οὖν inserted between a preposition and a verb (tmesis) is colloquial (GP 429).

76 ἔνδοι=ἔνδοθι, "within, at home" (sc. ἐστί).
Κραννῶνα: a city in Thessaly.

78 ἄρτνε: <ἀρτύω, "arrange, prepare."

79 υἱέα=υἱόν.

82 εὐάγκειαν: "with pleasant glades."
φάεα: <φάος, "light, daylight, *day*."

84 ἐν ἀλλοτρίᾳ: sc. χώρᾳ *vel sim*.; "abroad" (M), "out of town" (McKay VI, 111), "at someone else's" (Σ, reading ἀλλοτρίοις).

85 ἄγετό τις νύμφαν: "somebody was getting married."

86 Ὄθρυϊ: a mountain in Thessaly.
ἀμιθρεῖ: <ἀριθμέω, "count," by metathesis of μ and ρ.

87 ἐνδόμυχος: "lurking within."
δήπειτα=δὴ ἔπειτα, "then indeed."

88 πάντα: "of all kinds."
ἐξάλλετο: <ἐξάλλομαι, "leap up, leap forth from." The more E. eats, the more his vile belly leaps up to meet the food.

89 ἀεὶ μᾶλλον ἔδοντι: "(for him) always eating more."
   οἷα: "as (it were)."
90 ἀλεμάτως: "idly, in vain."
   εἴδατα: <εἶδαρ, "food."
91 Μίμαντι: a mountain in Thessaly.
   πλαγγών: "wax doll" (Σ).
92 μέζον = μείζων.
   μέστ(α) = μέχρι.
93 ῥινός: "skin."
95 χὠ = καὶ ὁ.
   μαστός: "breast"; "wet-nurse" by synecdoche.
   ἔπωνε = ἔπινε <πίνω, "drink, suck."
97 τοῖα ... καλιστρέων: "calling upon ... (with) such (i.e., the following) words." τοῖα is internal acc.
98 τεοῦ = σοῦ.
99 σεῦ = σοῦ.
   Ἀιολίδος Κανάκας: Canace was daughter of Aeolus and mother of Triopas (Σ).
   αὐτάρ: "and"; progressive and answers μέν (GP 55).
   ἐμεῖο = ἐμοῦ.
101 βλητόν: "stricken, hit."
    ἐκτερέϊξαν: <κτερεΐζω, "bury with due honors."
102 βούβρωστις: "gluttony, ravenous appetite."
    ἐν ὀφθαλμοῖσι: "in (his) eyes" or "before (my) eyes."
103 ἤ ... ἠέ: "either ... or."
    ἀπόστασον = ἀπόστησον, "remove."
104 βόσκε λαβών: A Greek participle is often best translated as a finite and coordinate verb, "take and feed."
    ἀμαί = ἐμαί.
    ἀπειρήκαντι = ἀπειρήκασι, "have given out."
105 μάνδραι: "cattle-folds."
    αὔλιες: <αὖλις, "place to pass the night in, byre, fold."
106 ἀπαρνήσαντο: See on 75. McKay VI and M end Triopas' speech with this line.
    μάγειροι: "butchers, cooks."
107 οὐρῆας: <ὀρεύς, "mule."

108 τὰν βῶν = τὴν βοῦν, "the heifer."

109 ἀεθλοφόρον: "prize-winning (horse)," therefore, "racehorse."

110 μάλουριν: "white-tailed (cat)."
θηρία μικκά (= μικρά): i.e., "mice" (Σ).

113 βαθύν: "deep, thick (in substance), abundant."
ἀνεξήραναν: < ἀναξηραίνω, "dry up, exhaust."

114 τόχ(α) = τόκα = τότε.
ὁ τῶ βασιλῆος: sc. υἱός.

115 ἀκόλως: < ἄκολος, "scrap, morsel."
ἔκβολα λύματα: "thrown out refuse, garbage."

116 ἐμίν = ἐμοί.

117 ὁμότοιχος: "having one common wall."
ἐμοί: "as far as I'm concerned."

118 Before παρθενικαί, ᾄσατε ("sing"), δεῦρ' ἴτε, χαίρετε or the like has dropped out.
τεκοῖσαι = τεκοῦσαι, "mothers."

119 See on 2.

120–121 χὼς ... ὥς: "And as ... so."

121 εὐρυάνασσα: "wide-ruling."

123 φθινόπωρον: "autumn."

124 ἀπεδίλωτοι καὶ ἀνάμπυκες: "unsandalled and without headband."
πατεῦμες = πατοῦμεν, "tread, walk."

125 παναπηρέας: "all-unmutilated, entirely unharmed."

126 λικνοφόροι: "bearers of the sacred van." "The λίκνα were baskets, used for offering first-fruits to the gods, also for winnowing corn and for cradles" (M).

127 ἀμές = ἡμεῖς.
πασεύμεσθα: < πάομαι, "get." McKay VI, 129 argues for the ms. reading πασσαίμεσθα < πατέομαι, "eat." χρυσόν will then be a metaphor for wheat.

128 μέστα: "up to, as far as."
τὰς ἀτελέστως: "the uninitiated" (sc. ὁμαρτεῖν).

129 τὰς ... τελεσφορίας: "those of (the initiation into) the mysteries," i.e., "the initiated." One should perhaps read τὰς ... τελεσφορέας, "the initiated."
ποτὶ τὰν θεὸν ἄχρις = πρὸς τὴν θεὸν ἄχρις, "right up to the goddess," i.e., her shrine.
ὁμαρτεῖν: "accompany, attend." The inf. is used for the imperative.

130 κατώτεραι: comp. adj. from κάτω, "lower, younger (than)."
βαρεῖαι: "heavy" (with age or with child).

131 χἄτις = καὶ ἥτις.

132 ὡς ... γόνυ: "(know) that (it is) sufficient (to go) as (far as) their knee (is) light."

133 ἐπίμεστα: "in full measure."
ὡς: If the text is sound, ὡς is best taken as introducing a final clause.

134 σάω: See on V 142.

135 εὐηπελίᾳ: "prosperity."
ἀγρόθι: "in the field(s)."
νόστιμα: "in abundance; wholesome."

136 φέρβε: "feed, preserve."
μᾶλα = μῆλα, "flocks (of sheep or goats)."
οἶσε: See on V 17.
θερισμόν: "reaping, harvest."

137 ἄροσε: < ἀρόω, "plow, sow."

138 ἵλαθι: pres. act. imperative of ἵλημι, "be gracious."
τρίλλιστε: "thrice prayed for."
θεάων: partitive or perhaps objective gen.